Labastida Siempre Española
Saluda al Salvador de la Patria
Franco Franco Franco
ELCIEGO
LEZA

Primera edición, primera impresión: 2024.
Primera edición, segunda impresión: 2025.

© Virginia López de Maturana, 2024

Imagen de cubierta: Franco y el alcalde Luis Ibarra Landete presiden la comitiva que recorre las céntricas calles de Vitoria, mientras son aclamados por la población local (29-VII-1964). (AMVG. Arqué. ARQ-2285_11(6))

Este libro forma parte del Proyecto PID2022-138385NB-I00, financiado por MCIN/AEI/10.13039/501100011033, en el marco del Grupo de Investigación de la UPV/EHU GIU23/007.

© De la presente edición: Ediciones Beta III Milenio, S.L. 2024
Avda. Ramón y Cajal, 35. 48014 Bilbao
Tel.: 94 476 11 55
edicionesbeta@edicionesbeta.com
www.edicionesbeta.com

ISBN: 978-84-19227-74-4
D.L.: BI-01207-2024

Virginia López de Maturana

UN DICTADOR
EN VITORIA

La transformación de la ciudad
a través de las visitas de Franco

www.edicionesbeta.com

A Santi de Pablo, mi maestro.

Al historiador Alfonso de Otazu y Llana,
que siempre me impulsó a ser valiente en la adversidad.
In memoriam

ÍNDICE

Prólogo

Si no fuera por este libro, no podría identificar el día en el que, cuando salía de la jornada matutina de clase en el colegio de los Corazonistas de Vitoria, vi pasar a Franco por el Paseo Fray Francisco. Ahora sé que fue el 24 de septiembre de 1969, durante la última visita del dictador a la capital alavesa, cuando vino a inaugurar la catedral nueva. Después, las autoridades locales y provinciales le ofrecieron una comida en el actual Museo de Bellas Artes de Álava, situado enfrente de Ajuria Enea (hoy, residencia oficial del lehendakari) y, por tanto, también al lado del colegio del Sagrado Corazón, donde yo estudiaba. Tenía, por consiguiente, diez años y mi único recuerdo es que vi cómo la gente –no pienso que fuera en gran cantidad– se arremolinaba para saludarle y vitorearle. Y es que a los alumnos de *Coras* no nos llevaron en comitiva a acompañar al dictador en la catedral o a aplaudirle por las calles de Vitoria, como sé que hicieron en otros centros escolares o como sucedió en la anterior visita, en 1964.

Cosas del destino: otra vez siendo niño vi pasar al *Caudillo*, aunque en esta ocasión no fue en Vitoria, sino en San Sebastián. Dado que las visitas del dictador a la capital guipuzcoana fueron mucho más frecuentes que la de Vitoria, me es imposible saber la fecha, aunque pudo ser al año siguiente, hacia 1970, tal y como indica una foto familiar en la playa de la Concha, fechada a mano en agosto de ese año. Y es que, a veces, unos amigos dejaban a mis padres un piso en San Sebastián durante los pocos días que ellos no lo ocupaban en verano. Precisamente un día, volviendo de la playa, la gente comenzó a agruparse alrededor de la calle por donde –según explicaron cuando preguntamos– iba a pasar Franco. Mis recuerdos me hacen ver que había mucha más gente y más entusiasmo que en Vitoria.

Lo que no se me olvidará jamás, puesto que la memoria es selectiva y se fija más en detalles que en generalidades, es la figura de un hombre de mediana edad que, cuando pasó el dictador, saludó al modo romano, brazo en alto con la mano extendida, mientras gritaba '¡Franco, Franco, Franco!'. Después, corrió unos diez metros para alcanzar de nuevo el coche –que iba despacio, pues no había ninguna preocupación por la seguridad del visitante– y volver a gritar el mismo lema, haciendo de nuevo el saludo fascista. No sé si ese entusiasta personaje llevaba también la camisa azul falangista (ahora pienso que, dadas las circunstancias, es posible que sí), pero yo jamás había visto saludar de esa manera, ni mostrar tanto entusiasmo por Franco o por su régimen –ni en casa, ni en el colegio, ni en la parroquia ni en los círculos en que se movía mi familia–, y me pareció una especie de loco, cuyo frenesí no entendía.

A mis once años recién cumplidos, esa imagen se quedó grabada en mi mente infantil y la he vuelto a desempolvar muchos años después, cuando, ya como historiador, he visto documentos, fotografías, periódicos o noticiarios cinematográficos que recogen esa época y, en ocasiones, incluso esos mismos o parecidos momentos. A veces, esas fuentes documentales han confirmado algunos de mis recuerdos o impresiones. Por ejemplo, en este caso concreto, las imágenes de la época confirman que mucha gente en Vitoria o San Sebastián se agrupaba en calles y plazas para aplaudir a Franco. Sin duda, algunos irían más o menos obligados, pero es imposible que todos lo fueran, aunque también es cierto que la mayoría no mostraban ni mucho menos el mismo entusiasmo que el protagonista de mis recuerdos donostiarras. Sin embargo, otras veces los documentos han desmentido mis recuerdos, incluso sobre acontecimientos mucho más próximos en el tiempo.

Todo ello hace ver la dicotomía entre historia y memoria. Esta última es totalmente necesaria pero, aunque algunos intenten presentarla en tiempos recientes como un sustitutivo de la historia, la memoria es personal y subjetiva y nunca podrá ocupar el lugar de los estudios historiográficos que, con todas sus limitaciones, utilizan una metodología acreditada y se atienen al veto de las fuentes. Por eso es tan importante realizar investigaciones históricas serias, especialmente en cuestiones –como la Guerra Civil, la dictadura franquista, recientemente la Transición o el terrorismo de ETA– que son objeto de interpretaciones más políticas que historiográficas.

El libro de Virginia López de Maturana, que tengo el honor de prologar, es un ejemplo de esa buena historia, tan necesaria en nuestros días. Trata de un tema que quizás algunos podrían considerar *políticamente incorrecto*: las visitas de Francisco Franco a Vitoria entre 1939 y 1975 y cómo estas reflejan no solo la evolución del régimen, sino también la propia transformación de una ciudad revolucionada o reinventada en la etapa franquista, según sendas definiciones de Aitor González de Langarica o de la propia López de Maturana. Ambos, junto a otros jóvenes historiadores, conforman una generación que ha renovado en los últimos tiempos el conocimiento histórico sobre la Álava contemporánea.

Una de las características de esa generación ha sido precisamente el abrirse a épocas más recientes de nuestra historia. Si la primera hornada de historiadores que salimos de la Facultad de Letras de la Universidad del País Vasco/Euskal Herriko Unibertsitatea nos centramos en el siglo XIX y en el primer tercio del XX, con temas clave como la foralidad, el movimiento obrero, el nacionalismo vasco, la Restauración o la Segunda República, esta última generación amplió el foco hacia un análisis más profundo de la Guerra Civil y la dictadura franquista.

En concreto, *Un dictador en Vitoria: La transformación de la ciudad a través de las visitas de Franco* aborda esta última etapa de un modo muy original. En este volumen, Virginia López de Maturana utiliza las cinco visitas del dictador a la capital alavesa para ir mucho más allá de lo meramente descriptivo. Se trata de descubrir los elementos organizativos, simbólicos y discursivos, que permiten descubrir cómo se transformaron tanto la dictadura como la ciudad. Y es que, en palabras del historiador norteamericano Edward Malefakis, "en toda la historia del mundo jamás ha habido una dictadura personal que cambiara tanto como la franquista", pese a seguir siendo una dictadura hasta el final.

El caso alavés, y en especial el vitoriano, es paradigmático en este sentido. La Vitoria que fue testigo de la sublevación militar en julio de 1936 tenía ya poco que ver con la que vio por televisión al presidente Carlos Arias Navarro anunciando la muerte de Franco en noviembre de 1975, por no hablar de la que muy poco después fue protagonista de los sucesos del 3 de marzo de 1976. A pesar de la permanencia en España de un régimen político anclado en la reacción contra la modernidad, Vitoria sufrió en los tres o cuatro últimos lustros del franquismo unas transformaciones más profundas que a lo largo de las primeras seis décadas del siglo.

Como toda buena obra de historia, este libro parte de un amplísimo elenco de fuentes, inéditas, impresas y audiovisuales. Este acceso crítico a las fuentes, confrontando, por ejemplo, la prensa local franquista de Vitoria y las publicaciones del exilio vasco, permite acercarse con mayor exactitud a la realidad histórica. Especial interés tienen los documentos, completamente inéditos, del Archivo del Palacio Real de Madrid, que explican cómo se organizaban, desde la Casa Civil del Generalísimo, los viajes del dictador; o los de Radio Álava, de la Red de Emisoras del Movimiento, conservados en el Archivo de Álava, que permiten observar la organización informativa y propagandística de las visitas. Muy interesante es el análisis del noticiario cinematográfico franquista, el NO-DO, o de las fotografías de la época, que de alguna manera revelan ambientes o situaciones que no aparecen en otro tipo de documentación. Es impagable, por ejemplo, la foto de la visita de Franco en 1964 a las piscinas de Gamarra, con la gente en plan distendido, en traje de baño, mientras el dictador pasa a su lado, en una escena casi surrealista.

El acceso crítico a estas fuentes permite a la autora no solo estudiar las visitas de Franco sino elaborar un mapa de la Vitoria de la época y de su evolución en el tiempo, más ajustado a la realidad que ciertos relatos, más o menos interesados, que a veces se difunden sobre esta etapa. Por ejemplo, volviendo a las anécdotas de mi infancia que rememoraba al inicio de este Prólogo, después de este estudio es difícil sostener que no había franquistas en Álava o que existía en esa época una opresión específica sobre 'el Pueblo Vasco', cuando tan vascos eran quienes se oponían a la dictadura y sufrían la represión como quienes la apoyaban o los que sin más la veían pasar, centrados en vivir el día a día y en mejorar su situación personal o familiar.

Se trata, sin embargo, de aportaciones que para ciertos defensores de una *memoria histórica* parcial e instrumentalizada pueden ser difíciles de aceptar. La historia de verdad, por el contrario, siempre es más compleja y más interesante. Refiriéndose en concreto a la representación audiovisual mayoritaria sobre la Guerra Civil y la dictadura de Franco, el prestigioso cineasta catalán José Luis Guerín criticaba en 2016 en *El País* la brocha gorda del "cine español, lleno de malos simplones: guardias civiles de opereta, alcaldes franquistas gritones, curas fascistas... Son muy poco interesantes". Una afirmación que, en buena medida, se puede aplicar también a ciertas manifestaciones de una literatura histórica militante y parcial. Como comentaba antes, la memoria y las políticas de memoria son necesarias, pero cuando la memoria quiere ocupar el papel de la historia y la política quiere ocupar el papel de la memoria, las consecuencias para un conocimiento lo más ajustado posible a la verdad histórica son desastrosas. Tal y como ha escrito Jon Juaristi en el Prólogo a la reciente biografía de Juan María de Araluce (un tradicionalista guipuzcoano, vasquista y foralista, asesinado por ETA en 1976), escrita por Juan José Echevarría, "esto sí que es verdadera Historia y no *relato*, ni *narrativa* ni *memoria*".

Santiago de Pablo
Catedrático de Historia Contemporánea de la UPV/EHU

Presentación

El 10 de junio de 2022 se presentó a la sociedad alavesa el portal de internet Photo Araba, desarrollado por el Archivo de Álava, con el objetivo de difundir el fondo fotográfico de la Diputación Foral de Álava[1]. Al frente de este proyecto se encuentra José Antonio Sainz Varela, el director del citado archivo quien, tras explicarme en qué consistía el proyecto de Photo Araba, me propuso realizar una pequeña exposición *online* con la que pretendía inaugurar este portal: el título de esta muestra virtual sería *Franco en Vitoria*[2]. Cuando comencé a trabajar en este proyecto, advertí en qué modo las fotografías sobre las visitas del dictador a Vitoria reflejaban aquello que ya había analizado en mi tesis doctoral: el cambio progresivo del propio régimen a lo largo de sus cuatro décadas de existencia, pero, sobre todo, el proceso de modernización que había sufrido la ciudad en plena dictadura, fruto de la industrialización impulsada por las instituciones locales y provinciales[3].

---

[1] https://prentsa.araba.eus/es/-/se-presenta-photo-araba-el-portal-de-la-fotografia-historica-de-alava [Consultado el 30-V-2024).

[2] A esta exposición virtual le siguieron otras sobre el Deportivo Alavés (Santiago de Pablo), la historiadora del arte vitoriana Micaela Portilla (Eloísa Navajas), la Guerra del Rif (Germán Ruiz Llano) o el santuario de Estíbaliz (Ander Gondra), entre otras. Con estas pequeñas muestras se trata de dar a conocer el portal Photo Araba, que en la actualidad contiene más de 200.000 imágenes digitalizadas –*in crescendo*–, totalmente disponibles para la ciudadanía.

[3] Virginia López de Maturana: *La reinvención de una ciudad. Poder y política simbólica en Vitoria durante el franquismo (1936-1975)*, Bilbao, UPV/EHU, 2014.

Tras llevar a cabo un estudio más profundo de las fuentes disponibles, en este libro presento un análisis de las cinco visitas que el dictador realizó a la capital alavesa a lo largo de los casi cuarenta años de pervivencia del régimen. Pero no reparo exclusivamente en lo anecdótico que pueda traer consigo la presencia de Franco en la ciudad. Asimismo examino discursos de distintas autoridades, símbolos y referencias culturales, que proyectan esos cambios sociales, pero también el inmovilismo de la dictadura –fundamentalmente en clave política, si bien igualmente en otros aspectos– a lo largo su existencia.

A lo largo de todo este tiempo he trabajado con bibliografía académica especializada, con fotografías de época, además de examinar documentos custodiados en diversos archivos, como el Archivo de Álava, el Archivo Diocesano, el Archivo Municipal y la Fundación Sancho el Sabio (todos ellos ubicados en Vitoria-Gasteiz), así como el Archivo General de Palacio (Madrid) y el Archivo General de la Administración (Alcalá de Henares). También analizo estas visitas a través de los medios de comunicación, de los que la dictadura hizo un uso intensivo para transmitir sus valores, así como sus mensajes[4]. *Pensamiento Alavés* fue el periódico local, de clara querencia tradicionalista, que leyeron los vitorianos desde el comienzo de la guerra en julio de 1936 hasta 1968, cuando pasó a denominarse *Norte Exprés*. Examino, asimismo, las imágenes y comentarios del Noticiario Cinematográfico Español (NO-DO), que no había sido utilizado hasta el momento

---

[4] Francisco Sevillano Calero: *Propaganda y medios de comunicación en el franquismo (1936-1951)*, Alicante, Universidad de Alicante, 2003. Luis Castro: *'Yo daré las consignas'. La prensa y la propaganda en el primer franquismo*, Madrid, Marcial Pons, 2020.

para estudiar la dictadura franquista en Álava y que, ciertamente, ha resultado una fuente muy útil. Pero, sobre todo, quiero destacar una fuente poco utilizada en este tipo de trabajos, si bien ha resultado de especial interés por la fuerza, dinamismo e inmediatez de su mensaje: la radio. En efecto, el Archivo de Álava custodia el fondo completo de Radio Álava, una emisora dependiente de Falange que se inauguró, precisamente, durante la visita que realizó Franco a Vitoria el 8 de agosto de 1953 y que desapareció tras el fin de la dictadura, como todas las que integraban la Red de Emisoras del Movimiento (REM). Esta fuente no ha sido utilizada hasta el momento, aunque su análisis en profundidad promete interesantes estudios en el futuro, que permitirán ahondar principalmente en las dinámicas sociales y culturales de la ciudad en este periodo histórico.

Sin embargo, el desarrollo del funcionamiento interno del régimen no se entiende solamente estudiando las fuentes generadas por la dictadura. Cualquier historiador riguroso ha de tratar de consultar todas las fuentes posibles, al menos las que tiene a su alcance, con el fin de contrastarlas y llegar a construir un relato histórico lo más completo posible. Así, he trabajado con prensa y documentación gestada en el seno de la oposición, fundamentalmente nacionalista vasca –tanto del interior, como del exilio–, que nos da una visión mucho más amplia de la temática que abordamos en este libro. Cabe decir que este tipo de publicaciones nos han aportado escasa información, al centrarse sus noticias mucho más en las propias dinámicas del exilio o –en el caso de las referentes al *interior*– en las provincias de Guipúzcoa y Vizcaya.

No obstante, no siempre es sencillo llegar a todas las fuentes: tras haber intentado durante un periodo prolongado de tiempo consultar el Archivo General del Ministerio del Interior –donde, presumiblemente, se custodian los fondos del antiguo Ministerio de la Gobernación, relativos a la seguridad puesta en marcha durante las visitas del dictador, así como de otras autoridades del régimen o de su propia familia–, me ha sido finalmente imposible examinar dicha documentación, pues la luenga espera hubiera dilatado la publicación de este libro durante un tiempo incalculable.

En definitiva, el análisis minucioso de todas estas fuentes me ha permitido explicar la evolución de la historia de Vitoria durante la dictadura franquista, dándole una nueva y diferente perspectiva, siempre de manera rigurosa y académica, evitando caer los tópicos comunes propios del presentismo en los que en ocasiones puede incurrirse.

Por último, no quiero cerrar esta presentación sin mostrar mi agradecimiento a las personas que me han animado y ayudado a concluir este libro. Porque, a veces, y a pesar de la ilusión que una investigadora pueda mostrar con su tema de estudio, no es sencillo finiquitar proyectos sobre materias que en su contexto –histórico o geográfico– no encajan con lo que en ese momento se considera lo *políticamente correcto*. Así, mi agradecimiento a José Antonio Sainz Varela por la idea. Al personal de todos los archivos consultados. Pero también a Carmen Gómez, Isabel Mellén, Igor Navarro Brea, Emiliana Ramos, Germán Ruiz Llano, Andrés Segura y Rakel Varela, por su amistad y su estímulo. Y, sobre todo, a mi maestro, el profesor Santiago de Pablo, sin cuyo perpetuo aliento yo no sería quien soy.

Introducción
Vitoria durante el franquismo

Napoleón Bonaparte, emperador de los franceses, se alojó en Vitoria entre el 5 y el 9 de noviembre de 1808, en plena Guerra de la Independencia (1808-1814). Su hermano, José Bonaparte –a quien había designado pocos meses antes rey de España bajo el nombre de José I–, arredrado tras la derrota francesa en Bailén (19-VII-1808), había huido de Madrid, y se había refugiado con su Corte en el palacio de Montehermoso de Vitoria, convenientemente acompañado por su amante, la cultivada marquesa María del Pilar Acedo y Sarriá[5]. Iracundo, Napoleón se negó a dormir bajo el mismo techo que su hermano, por lo que pasó esas jornadas con sus hombres de confianza en Etxezarra, un edificio del siglo XVIII a las afueras Vitoria –en el actual barrio de Ariznabarra–, propiedad del banquero Josef Perfecto Fernández de La Cuesta[6].

Bonaparte –uno de los más grandes y reconocibles personajes de la Historia– pernoctó tres noches en Vitoria, dando a la

---

[5] Frente a interpretaciones reduccionistas que relegan la marquesa de Montehermoso a mera comparsa de José Bonaparte, véase: Isabel Mellén y Virginia López de Maturana: *Proyecto para la reducción de la brecha de género en el callejero vitoriano,* Vitoria-Gasteiz, Ayuntamiento de Vitoria-Gasteiz, 2022.

[6] José Ortega Munilla: "Napoleón en Vitoria: recuerdos históricos", *Landázuri,* nº 3 (jun. 1994), pp. 17-18. Santiago de Pablo y Virginia López de Maturana: *Álava insólita. Símbolos, mitos y lugares de memoria,* Bilbao/Vitoria-Gasteiz, Ediciones Beta III Milenio/Fundación Sancho el Sabio, 2018, pp. 136-137.

ciudad la relevancia estratégica que merecía en ese contexto bélico. El dictador Francisco Franco jamás durmió en Vitoria. Según nos indican las fuentes, la capital alavesa fue un mero lugar *de paso* para quien fuera jefe del Estado entre 1939 y 1975, siempre a caballo entre dos lugares de mayor importancia: Burgos –que había sido la primera capital de la España sublevada– y San Sebastián, donde –siguiendo la tendencia inaugurada por los monarcas españoles en el siglo XIX– solía instalarse en verano[7]. Así, anualmente, en el mes de julio estrenaba la temporada estival en la residencia de Ayete de la capital donostiarra, mientras a bordo de su embarcación de recreo, el *Azor*, recorría el mar Cantábrico, llegando hasta su Galicia natal, donde permanecía buena parte del estío, tal y como nos indica la documentación custodiada en el Archivo General de Palacio, sito en Madrid.

Un buen termómetro para identificar la verdadera significación que las distintas ciudades españolas tuvieron para el franquismo es el NO-DO, el Noticiario Cinematográfico Español. Así, por ejemplo –centrándonos en ámbito vasco-navarro–, Vitoria aparece en veintinueve ocasiones, haciendo referencia el citado noticiero propagandístico no solo a las visitas del dictador a la ciudad –que en este trabajo estudiaremos–, sino, sobre todo, a otro tipo de acontecimientos culturales y deportivos; Pam-

---

[7] El dictador seguía la estela de los monarcas españoles, que establecieron desde el siglo XIX su residencia veraniega en esta ciudad costera vasca. Y es que "San Sebastián fue el lugar de veraneo de Isabel II, de la reina María Cristina (que mandó restaurar el Palacio de Miramar) y de Alfonso XIII". Franco trataba, de esta manera, de otorgarse legitimidad como jefe de Estado, emulando a la familia real. David Mota Zurdo: "Costa Vasca", en Santiago de Pablo (coord.): *100 símbolos vascos. Identidad, cultura, nacionalismo*, Madrid, Tecnos, 2016, pp. 92-93. Rafael Aguirre: *El Turismo en el País Vasco: vida e historia*, Txertoa, Donostia-San Sebastián, 1995.

plona, por su parte, sesenta y una veces, siendo los *sanfermines* los grandes protagonistas; Bilbao, ciento noventa y una; y, por último –a gran distancia de las anteriores– San Sebastián, ocupando el foco de los veranos del dictador, que llegó a aparecer en doscientas setenta y seis ocasiones.

Por lo tanto, si tenemos en cuenta sus apariciones en el NO-DO, Vitoria tuvo para el régimen una raquítica significación simbólica, a pesar de que –tal y como advirtió el dictador a través de sus discursos en cada una de sus visitas– Álava fue en la Guerra Civil de 1936-1939 la provincia con un mayor porcentaje de población masculina alistada de manera voluntaria para luchar contra la República, solamente superada por Navarra[8]. La capital alavesa fue, además, una de las primeras ciudades en España que desmanteló el entramado institucional republicano, designando a las nuevas autoridades golpistas prácticamente desde el primer momento. Así, a primera hora de la mañana del 19 de julio de 1936 "una compañía de soldados al mando del capitán [Antonio] Tapia proclamaba el estado de guerra en Vitoria", e inmediatamente los militares se hicieron con el Gobierno Civil, institución que pasó por varias manos durante esos primeros días que transcurrieron tras el golpe de Estado[9]. A continuación, los sublevados usurparon sin problema las diversas instituciones locales y provinciales que, hasta ese momento, habían estado en manos de la izquierda republicano-socialista. Por una parte, una junta militar se hizo cargo de la Diputación Provin-

---

[8] Germán Ruiz Llano: *Álava. Una provincia en pie de guerra. Voluntariado y movilización durante la Guerra Civil*, Bilbao, Ediciones Beta, 2016.
[9] Cfr. Ruiz Llano, *Álava*, p. 61. Iker Cantabrana: "Octavistas contra oriolistas: la lucha por el control de las instituciones, 1936-1957", en Antonio Rivera (dir.): *Dictadura y desarrollismo. El franquismo en Álava*, Vitoria-Gasteiz, Ayuntamiento, 2009, pp. 121-174.

cial de Álava, situando al frente de ella al coronel Cándido Fernández Ichaso[10]. En lo referente al Ayuntamiento de Vitoria, el 19 de julio los militares convocaron al alcalde accidental, Tomás Alfaro Fournier, quien –en el propio edificio consistorial– hizo entrega del bastón de mando a Pedro Rafael Santaolalla Aparicio[11]. Poco después, en la noche del 19 al 20 de julio, los militares sublevados comenzaron a detener a personas opuestas al golpe de Estado, como el alcalde accidental, Alfaro, o el presidente de la gestora de la Diputación, Teodoro Olarte, ambos de Izquierda Republicana[12]. Los dos políticos serían víctimas de la represión franquista, siendo el primero encarcelado y el segundo asesinado, sin ningún tipo de juicio previo. Una represión que –tal y como indica el historiador Javier Gómez Calvo– segó la vida de 193 personas en toda la provincia entre 1936 y 1945[13].

Tras el fin de la Segunda Guerra Mundial, las nuevas autoridades franquistas buscaron la manera de sostener un régimen

---

[10] Cantabrana, "Octavistas", p. 128.

[11] Nacido en 1884, Santaolalla era en el momento de su nombramiento un militar retirado, conocido en Vitoria tanto por su actividad empresarial –ya que era propietario de la Panificadora Vitoriana–, como por ser presidente de la Federación Patronal Alavesa. Sus precedentes políticos eran escasos, si bien significativos, pues había sido el candidato de la derecha en las nonatas elecciones municipales de abril de 1936. Cfr. Pedro Morales Moya: *El pan de cada día. Apuntes para una historia del pan en Álava*, Vitoria-Gasteiz, Ikusager, 2006, p. 72. Santiago de Pablo: *La Segunda República en Álava. Elecciones, partidos y vida política*, Bilbao, UPV/EHU, 1989, pp. 268-269.

[12] Cfr. Ruiz Llano, *Álava*, p. 212. Javier Gómez Calvo: *Matar, purgar, sanar. La represión franquista en Álava*, Madrid, Tecnos, 2014, p. 77. Santiago de Pablo: *Una tragedia política. La Segunda República en Vitoria vista por Tomás Alfaro Fournier*, Bilbao, Ediciones Beta III Milenio, 2024, pp. 127-132.

[13] Tres de esas 193 víctimas fueron mujeres. En la zona republicana de la provincia, fueron represaliadas 46 personas entre 1936 y 1937, siendo nueve de ellas mujeres. Cfr. Gómez Calvo, *Matar*, pp. 339 a 349.

que había sobrevivido al gran conflicto, al contrario que la Alemania nazi y la Italia fascista, derrotadas por los Aliados definitivamente en 1945. Del apoyo a las potencias del Eje, los dirigentes franquistas locales viraron progresivamente –tanto en sus informes como en sus discursos– hacia un claro apoyo a los Estados Unidos, una de las dos grandes potencias vencedoras en la contienda bélica mundial, ahora ya en un contexto de Guerra Fría, donde el enemigo era la Unión Soviética y todos sus satélites. Se *vendía*, de este modo, la idea de que el régimen era –y así lo habría sido siempre, según esta nueva interpretación– fundamentalmente anticomunista; y, si en el pasado reciente había mostrado cierta afinidad con las potencias del Eje, esto debía entenderse como un apoyo a estas por su lucha frente al comunismo. Así, a partir de ese momento, la dictadura soportó un proceso de *desfascistización* reflejado, por ejemplo, en el hecho de que la Secretaría General del Movimiento perdiera temporalmente hasta 1951 su rango ministerial[14]. Otra medida de carácter simbólico fue, por ejemplo, la supresión –mediante decreto– del denominado *saludo nacional*[15]. No obstante, quizá la medida

---

[14] Sobre el tema, Cfr. Mercedes Peñalba Sotorrío: *La secretaría general del Movimiento. Construcción, coordinación y estabilización del régimen franquista*, Madrid, Ministerio de la Presidencia, Justicia y Relaciones con las Cortes, Centro de Estudios Políticos y Constitucionales, 2015.

[15] Decreto de 11 de septiembre de 1945. Publicado en el *Boletín Oficial del Estado* (*BOE*) de 14-IX-1945: "Al iniciarse en dieciocho de julio de mil novecientos treinta y seis el Movimiento Nacional, como exaltación espiritual de nuestra Patria ante el materialismo comunista, que amenazaba destruirla, entre las formas de expresión de vibrante entusiasmo de aquellos días surgió, frente al puño cerrado, símbolo de odio y de violencia que el comunismo levantaba, el saludo brazo en alto y con la palma de la mano abierta, de rancio abolengo ibérico, espontáneamente adoptado en pueblos y lugares; saludo que ya en los albores de nuestra historia patria constituyó símbolo de paz y de amistad entre sus hombres. Mas circunstancias derivadas de la gran contienda

más clara para tratar de alejarse de ese pasado *fascistizante* y subsistir en la nueva coyuntura internacional fue la aprobación de la Ley de Bases de Régimen Local en 1945[16]. Su fin era hacer pasar al régimen por una democracia, pero no una democracia liberal –especialmente teniendo en cuenta que la dictadura consideraba ese pasado liberal como el mayor de los males que había asolado el país–, sino lo que denominó la *democracia orgánica*. Un sistema según el cual el ejercicio de la política se desarrollaba a partir de las instituciones que la dictadura consideraba *naturales*, esto es, la familia, el municipio y el sindicato único. Así, a partir de la celebración en 1948 de las primeras elecciones en el marco de este nuevo sistema electoral, entraron en el Ayuntamiento de Vitoria una serie de personas que –sobre todo desde la década de 1950 y siempre desde el ámbito local, es decir, el propio Consistorio, la Diputación y las diferentes entidades de ahorro– pusieron en marcha una intensa industrialización que cambiaría totalmente la configuración económica y social de la ciudad[17]. Esta transformación es la que vamos a estudiar, en este caso, a través de las cinco visitas realizadas por el dictador a la capital alavesa. Ya que, a través de ellas, observaremos cómo la

---

han hecho que lo que es signo de amistad y cordialidad venga siendo interpretado torcidamente, asignándole un carácter y un valor completamente distintos de los que representa. Esto aconseja el que, en servicio de la Nación, deban abandonarse en nuestra vida de relación aquellas formas de saludo que, mal interpretadas, han llegado a privar a las mismas en muchos casos de su auténtica expresión de amabilidad y cortesía".

[16] Ley de 17 de julio de 1945, publicada en el *BOE* de 18-VII-1945.

[17] Cfr. Aitor González de Langarica: *La ciudad revolucionada. Industrialización, inmigración, urbanización (Vitoria, 1946-1965)*, Vitoria-Gasteiz, Ayuntamiento, 2007. Santiago de Pablo (coord.): *Caja de Ahorros de Vitoria y Álava. Ciento cincuenta años en la historia de Álava, 1850-2000*, Vitoria-Gasteiz, Fundación Caja Vital Kutxa, 2000.

dictadura –lejos de ser un régimen monolítico– fue adaptándose a las circunstancias históricas, si bien siempre legitimándose sobre la victoria en una guerra que apartó al país de la senda democrática iniciada por el régimen republicano a comienzos de la década de 1930.

Todos estos cambios fueron especialmente notables en Vitoria puesto que, tras casi cuatro décadas de pervivencia de la dictadura, la ciudad alcanzó una abrumadora transformación, palpable tanto en el crecimiento industrial, físico –como demuestra la creación de un buen número de nuevos barrios–; pero, sobre todo, en el incremento demográfico, al pasar de ser una ciudad con poco más de 40.000 habitantes a comienzos de la década de 1930 a otra de casi 140.000 en 1970, pocos meses después de acaecer la última visita del dictador.

1. La primera visita (1945)

La designación de Franco
como diputado general honorario

PA, 17-IX-1945. La portada del diario local informa sobre la visita de Franco a Vitoria y su nombramiento como diputado general honorario.

Franco visitó la capital alavesa por vez primera desde el final de la Guerra Civil el 17 de septiembre de 1945. La cita del dictador con la ciudad se venía gestando desde el año anterior, cuando fue designado diputado general honorario por las autoridades provinciales en sesión extraordinaria[18]. Este honor le había sido concedido, según la prensa local, "en prueba de gratitud, de reconocimiento y de cordial adhesión por su magnífica obra de gobierno". El texto del acuerdo, firmado en la Diputación Foral de Álava a finales del mes de febrero de 1944, apuntaba una serie de referencias relativas a la participación de la provincia en la Guerra Civil de 1936-1939[19]. Este escrito recordaba de qué modo, ya en pleno contexto bélico, esta misma institución había otorgado a Franco y al general Emilio Mola la distinción de "Padres de la Provincia"[20]. Tras una serie de continuas referencias a la Guerra Civil,

---

[18] *Pensamiento Alavés* (*PA*), 2-III-1944.

[19] "En abril de 1938, la Diputación de nombramiento franquista, aprovechando la supresión del Concierto Económico de Vizcaya y Guipúzcoa y el apoyo alavés a los sublevados, decidió volver a usar el calificativo de 'Diputación Foral de Álava', que ostenta desde entonces, pese a que no hubo ningún cambio legal de recuperación de la foralidad". Véase: De Pablo y López de Maturana: *Álava*, pp. 93-95. Asimismo, Iker Cantabrana: "Lo viejo y lo nuevo, Diputación-FET de las JONS: la convulsa dinámica política de la 'leal' Álava (segunda parte, 1938-1943)", *Sancho el Sabio*, 22 (2005), pp. 139-169. Del mismo autor: "Octavistas", pp. 121-174.

[20] Ambos también fueron nombrados en 1936 hijos adoptivos de la ciudad por el Ayuntamiento de Vitoria, regido entonces por el conservador Rafael Santaolalla Aparicio. Archivo Municipal de Vitoria-Gasteiz (AMVG), 35/23/44. Un año más tarde, y tras su fallecimiento en accidente de avión, el

el texto del acuerdo para su designación como diputado general honorario destacaba cómo ya "en la paz" los alaveses –y la Diputación en su nombre– agradecían al *Caudillo* "el reconocimiento de las peculiaridades típicas de la tierra alavesa", pero también el "desarrollo de las mismas en cuantos asuntos a nuestro régimen privativo", en clara referencia al mantenimiento del Concierto económico[21].

La primera visita del dictador a la ciudad trajo consigo un auténtico despliegue informativo, como lo demuestra la abundancia de noticias relativas a ella publicadas en el diario local –el tradicionalista *Pensamiento Alavés*[22]–, y su reflejo en el reciente-

---

aeropuerto de Zalburu pasó a denominarse "Aeropuerto General Mola". AMVG, 28/5/14. Este tipo de homenajes a los héroes y mártires de la sublevación se enmarcaba en la tónica bélica general de creación de nuevos símbolos para el régimen. Sobre el tema, véase Zira Box: *España año cero. La construcción simbólica del franquismo*, Madrid, Alianza, 2010. Asimismo, Xosé Manoel Núñez Seixas: *¡Fuera el invasor! Nacionalismos y movilización bélica durante la guerra civil española (1936-1939*, Madrid, Marcial Pons, 2006. Javier Moreno Luzón y Xosé Manoel Núñez Seixas (eds.): *Ser españoles. Imaginarios nacionalistas en el siglo XX,* Barcelona, RBA, 2013. Javier Moreno Luzón y Xosé Manoel Núñez Seixas: *Los colores de la patria. Símbolos nacionales en la España contemporánea*, Madrid, Tecnos, 2017.

[21] "En junio de 1937 un decreto-ley de Franco suprimió el Concierto económico de Vizcaya y Guipúzcoa, como castigo por haber apoyado al bando republicano durante la Guerra Civil. Por el contrario, Álava lo mantuvo, al haber realizado 'aportaciones valiosísimas a la Causa Nacional'. Ello hizo que en la posguerra pasara a ser considerado como un 'régimen privativo' alavés, derivado de su foralidad. El Concierto fue renovado en 1952 y permitió a la Diputación Foral de Álava promover la industrialización durante el franquismo". De Pablo y López de Maturana: *Álava*, pp. 101-102. *BOE*, 24-VI-1937. Sobre el tema, véanse también: González de Langarica: *La ciudad.* Eduardo Alonso Olea: "Para repensar el Concierto Económico: de 'migaja' a derecho histórico", *Historia Contemporánea*, nº 13/14, 1996, pp. 431-464.

[22] *PA*, 17-IX-1945, 18-IX-1945 y 19-IX-1945. La primera visita de Franco a Vitoria fue relativamente tardía, sobre todo si se tiene en cuenta la fecha en que re-

mente creado Noticiario Cinematográfico Español, más conocido como NO-DO[23].

El mismo día de la visita, la prensa dedicaba su portada completa a la cita de los alaveses con Franco. Una foto del dictador uniformado con traje de la Armada protagonizaba la primera página y, bajo ella, un editorial que, desmesuradamente, destacaba su presencia en la ciudad como el mayor espectáculo

alizó sus primeras visitas a otras ciudades españolas, como Málaga (1939) o Almería (1943). Sobre el tema, véanse Cristóbal Villalobos Salas: *Las visitas de Franco y Ciano en 1939. Málaga entre la Guerra Civil y la Segunda Guerra Mundial*, Málaga, Diputación, 2015. Antonio Ramírez Navarro: "Franco, 'el pacifista'. Relato de la primera visita del dictador a Almería", *Hespérides*, 12 (2010), pp. 12-14. Más tardía aún fue su visita a Cartagena (Murcia), una ciudad que ya en la década de 1940 superaba los 100.000 habitantes, frente a los escasos 50.000 de Vitoria en esas mismas fechas. Cfr. Antonio González Velázquez: "Las visitas de Franco a Cartagena", *Cartagena Histórica*, Extra 5 (2003), pp. 2-25.

[23] El primer NO-DO fue estrenado el 4 de enero de 1943. https://www.rtve.es/filmoteca/no-do/not-1-introduccion-primer-noticiario-espanol/1465256/ [Consultado el 23-III-2023]. Sobre el tema, véase: Rafael Rodríguez Tranche y Vicente Sánchez Biosca: *NO-DO. El tiempo y la memoria*, Madrid, Cátedra, 2000. Un primer estudio sobre el NO-DO en el País Vasco es el de Claudia Gómez García: "La pelota vasca y el NO-DO. Un símbolo vasquista a través del noticiario cinematográfico vasquista", *Sancho el Sabio*, 38 (2015), pp. 117-136. También existen estudios sobre la propaganda del NO-DO en otras comunidades autónomas. Por ejemplo, Roberto Germán Fandiño Pérez: *La Rioja al alcance de todos los españoles. NO-DO y la construcción de un discurso sobre la provincia*, Logroño, Instituto de Estudios Riojanos, 2009. Sandra Medina Rodríguez: "Canarias en el NO-DO", *Revista de Historia Canaria*, 201 (2019), pp. 133-151. Clara Sanz-Hernando: "Burgos en el NO-DO. De capital de la cruzada a ciudad industrial", *Fonseca, Journal of Communication*, 20 (2020), pp. 255-273. José Antonio Mesa Beltrán: "Los primeros noticiarios cinematográficos del NO-DO en Jaén (1943-1944). Un análisis de la fiesta y propaganda de la dictadura de Francisco Franco", *Revista de Antropología Experimental*, Extra 18 (2018), pp. 17-31. Beatriz Busto Miramontes: *La Galicia proyectada por NO-DO. La arquitectura del estereotipo cultural a partir del uso del folclore musical (1943-1981)*, tesis doctoral inédita, Universidad Autónoma de Madrid, 2016.

que hubiese vivido esta. En dicha portada también había lugar para su esposa, Carmen Polo, "la egregia dama", en un contexto claramente propagandístico[24]. La comitiva entró en Álava a las 11.30 horas de la mañana, procedente de San Sebastián. Según narraba la prensa local, los vecinos de las distintas localidades alavesas salieron a "aclamarle" de manera entusiasta, mientras las campanas de las iglesias sonaban a su paso. Tres cuartos de hora más tarde, el dictador arribó a la ciudad, a la vez que veintiuna salvas anunciaban su entrada. El séquito llegó acompañado del Ejército, que ejercía de escolta, mientras accedía a las céntricas calles de Santiago, Paz y Olaguíbel. Al apearse del coche oficial, el *Caudillo* saludó a las autoridades, cuyas esposas ofrecieron ramos de flores a Carmen Polo. Mientras tanto, según la prensa, el público "prorrumpió en estentóreas aclamaciones" y ofreció "pruebas de entusiasmo".

Lo cierto es que el NO-DO reflejó bien este momento de la llegada del dictador. Aunque el archivo de la Filmoteca Española de Radio Televisión Española (RTVE) conserva solamente una edición sin sonido de este número, las imágenes dan buena prueba del desarrollo de los principales momentos de la visita[25]. Las más céntricas calles de la ciudad estaban profusamente engalanadas con banderas rojigualdas y diversas insignias alavesas, como bien se desprende de la visualización del NO-DO[26]. Por su parte, desde los tradicionales miradores vi-

---

24 *PA*, 17-IX-1945.
25 La página web de RTVE indica que "el audio original está deteriorado o se ha perdido". NO-DO 143 B (1-X-1945) https://www.rtve.es/filmoteca/no-do/not-143/1467129/ [Consultado el 23-III-2023].
26 Una de esas insignias, la bandera de Álava, fue incorporada al imaginario simbólico durante los primeros años del franquismo, a iniciativa de varios diputados carlistas. Cfr. De Pablo y López de Maturana, *Álava*, pp. 26-28.

torianos[27], las mujeres saludaban con pañuelos al dictador y su esposa, que iban escoltados por el gobernador civil, Pedro María Gómez Ruiz, así como por el presidente de la Diputación, Lorenzo de Cura Lope.

En primer lugar, realizaron una visita al monumento a los *caídos*, entonces ubicado en la plaza del Marqués de Estella[28]. Allí

---

[27] Cfr. De Pablo y López de Maturana, *Álava*, pp. 60-61. Jaime Pérez de Arrilucea y Ramón Ruiz-Cuevas: *Miradores. Begiratokiak. Vitoria-Gasteiz*, Vitoria-Gasteiz, Colegio Oficial de Arquitectos Vasco-Navarro, 2000.

[28] El nombre de la plaza hacía referencia a Miguel Primo de Rivera desde el 2 de mayo de 1925. El marquesado de Estella era propiedad de la familia Primo de Rivera desde 1877, cuando el rey Alfonso XII se lo concedió a Fernando Primo de Rivera y Sobremonte, al destacarse en su lucha contra el carlismo. Más tarde lo heredarían el dictador y, a su muerte, en 1930, el fundador de Falange Española (FE), José Antonio Primo de Rivera. Cfr. Henrike Knörr y Elena Martínez de Madina: *Toponimia de Vitoria I: ciudad*, Bilbao, Euskaltzaindia, 2009, pp. 408-410. Posiblemente no fue casualidad que este primer monumento a los *caídos* se ubicara en dicha plaza: un lugar céntrico (tras la oficina de Correos) y, a su vez, con un nombre que hacía referencia al *caído* más relevante y con mayor alcance propagandístico. Fue inaugurado el 3 de junio de 1945 y en él figuraban los nombres de todos los alaveses del bando sublevado muertos en combate. Además, se podía leer "Alaveses caídos por Dios, España y su revolución nacional-sindicalista. ¡Presentes!". Acudió al acto el ministro secretario general del Movimiento, José Luis Arrese. Hasta entonces, los homenajes a los *caídos*, se realizaban en altares provisionales, ubicados en espacios estratégicos, como el Palacio de la Diputación. *PA*, 4-VI-1945. NO-DO 128 A (11-VI-1945): https://www.rtve.es/filmoteca/no-do/not-128/1467316/ [Consultado el 23-III-2023]. Años más tarde (1963), en plena expansión vitoriana y coincidiendo con la campaña propagandística orquestada por el ministerio de Información y Turismo de los *XXV años de paz*, se construiría un monumento mucho más espectacular y más moderno en la recién inaugurada plaza Juan de Ayala, destruyéndose el anterior. *Boletín Municipal de Vitoria* (*BMV*), 11 (1963), pp. 7-12. Cfr. López de Maturana, *La reinvención*, pp. 299-302. Miguel Ángel del Arco Blanco: *Cruces de memoria y olvido. Los monumentos a los caídos de la guerra civil española (1936-2021)*, Barcelona, Crítica, 2022.

fueron recibidos por el obispo de la Diócesis, Carmelo Ballester Nieto, así como por otras autoridades eclesiásticas[29]. Tras dedicar a los *mártires* una serie de oraciones y cánticos religiosos, depositaron a los pies del monumento una corona de laurel con los colores de la bandera rojigualda[30]. Desde allí se dirigieron en comitiva hacia el cercano edificio de Correos, donde se dispusieron tres tribunas: una central –en la que se ubicaron Franco, así como el ministro del Ejército (Fidel Dávila Arrondo) y el presidente de las Cortes (Esteban Bilbao Eguía)[31]–, mientras que, en las dos laterales, en un plano inferior, se situaron las autoridades y sus esposas. Desde allí presidieron el desfile militar, tras el que marcharon a la misa en la nueva catedral, todavía en construcción, oficiada por el nuncio apostólico, Gaetano Cicognani. Es significativo que el noticiario propagandístico NO-DO centrara fundamentalmente su cámara en los detalles escultóricos de la cripta, la única zona de la catedral que había terminado de construirse, mientras que se observa una nave central aún en su esqueleto[32].

---

[29] Cfr. Santiago de Pablo, Joseba Goñi y Virginia López de Maturana: *La Diócesis de Vitoria. 150 años de historia (1862-2012)*, ESET/Diócesis de Vitoria, Vitoria-Gasteiz, 2013.

[30] Sobre la importancia de ambos símbolos –la corona de laurel y la bandera bicolor– en el imaginario de la dictadura de Franco, Cfr. Box, *España*, 124-150 y 286-299.

[31] El tradicionalista Esteban Bilbao, de origen bilbaíno, tenía relación con Vitoria desde las elecciones a Cortes de 1907, por cuyo distrito se presentó, enfrentándose a un candidato carlista local, pero no oficialista, Enrique Ortiz de Zárate. Bilbao no logró el acta de diputado, lo que trajo consigo diversos actos tumultuosos provocados por partidarios del candidato foráneo. Cfr. Antonio Rivera y Santiago de Pablo: *Profetas del pasado. Las derechas en Álava*, Vitoria-Gasteiz, Ikusager, 2014, pp. 219-221.

[32] La catedral nueva comenzó a construirse en 1907. El obispo José Cadena y Eleta impulsó entonces la erección de este templo, al haberse quedado

Imagen 1. Fotograma del NO-DO de la visita realizada por Franco a Vitoria el 17 de septiembre de 1945. A su derecha, el gobernador civil de Álava, Pedro María Gómez Ruiz. A la izquierda de Carmen Polo, el presidente de la Diputación Foral de Álava, Lorenzo de Cura Lope. Fuente: NO-DO 143 B (1-X-1945) https://www.rtve.es/filmoteca/no-do/not-143/1467129/ [Consultado el 21-I-2024].

En una Vitoria aún en plena posguerra, hay que destacar que los actos se centraron en otorgar protagonismo a las tres

---

pequeña la catedral gótica de Santa María. Esta era la sede de la Diócesis de Vitoria, que había sido creada en 1862 por el papa Pío IX. En aquella época abarcaba las provincias de Álava, Vizcaya y Guipúzcoa. El 17 de abril de 1911, lunes de Pascua, fue inaugurada la cripta, si bien las obras de la nueva catedral debieron detenerse en 1914, tras la llegada del nuevo obispo de la Diócesis, Prudencio Melo y Alcalde. Esto se debió a que el dinero destinado a ello fue mermando y no llegaban suficientes donativos para continuar la ingente construcción. Las obras se reanudaron en 1946, en plena dictadura de Franco, siendo obispo de la Diócesis Carmelo Ballester Nieto. Cfr. De Pablo, Goñi y López de Maturana, *La Diócesis*, pp. 211- 216 y 413-429.

instituciones que, todavía en este momento, sostenían al régimen franquista: el Ejército, la Iglesia y el Movimiento Nacional. Con el tiempo –y según evolucionaba el régimen–, el papel del Partido Único en el espacio público irá restringiéndose a actos exclusivamente dirigidos a sus militantes[33]. Por su parte, la Iglesia –intensamente establecida en la vida oficial y social española– va a ir cambiando de actitud progresivamente, sobre todo a partir del Concilio Vaticano II (1962-1965), cuando algunos sectores de la jerarquía católica –y, sobre todo, las bases cristianas, así como buena parte del clero– comenzaron a mostrarse reticentes al mantenimiento de la dictadura, frente a la perplejidad de las autoridades del régimen. Esta oposición fue especialmente drástica en un importante sector del clero vasco, que durante la Guerra Civil había sido la principal excepción al apoyo eclesial a los sublevados[34]. No será este el caso del Ejército, cuyo apoyo a la dictadura será claro hasta sus últimos momentos[35].

Al término de la ceremonia religiosa, toda la comitiva se dirigió hacia el Palacio de la Diputación, totalmente engalanado para la ocasión. Tal y como se puede observar en el NO-DO, un buen número de chicas de la Sección Femenina,

---

[33] Esto es muy evidente en el caso de Vitoria en las décadas de 1950 y 1960. Cfr. López de Maturana, *La reinvención*, pp. 267-302.

[34] Cfr. Feliciano Montero: *La Iglesia. De la colaboración a la disidencia (1956-1975)*, Madrid, Encuentro, 2009. Sobre cómo afectó este proceso al País Vasco, véase: De Pablo, Goñi y López de Maturana, *La Diócesis*, pp. 493-512.

[35] Cfr. Mariano Aguilar Olivencia: *El Ejército español durante el franquismo. Un juicio desde dentro*, Madrid, Akal, 1999. Solamente en 1974 surgió la Unión Militar Democrática (UMD), una organización militar que funcionó de manera clandestina y que pretendía democratizar el Ejército. Sobre el tema, véase, Javier Fernández López: *UMD. Militares contra Franco. Historia de la Unión Militar Democrática*, Zaragoza, Ed. Mira, 2002.

"luciendo sus típicos atavíos", exhibieron ante el *Caudillo* danzas tradicionales vascas[36]. El momento, en plena ceremonia sincrética, que unía símbolos locales y nacionales –al estar repleta la plaza de banderas nacionales y del Movimiento–, fue descrito por la prensa local como "un golpe de vista imborrable" que "habrá de ser recordado con otros de imperecedera memoria histórica"[37]. Antes de proceder a la ceremonia de toma de posesión, en el salón principal de la Diputación Foral de Álava, Franco fue recibido al ritmo del *Agur Jaunak*, interpretado por clarineros, atabaleros y chistularis[38]. El secretario de la institución foral leyó el acta de proclamación del dictador como diputado general honorario. A continuación, Franco pronunció su discurso, repleto de referencias a la participación de Álava

---

[36] *PA*, 17-IX-1945. Sobre la incorporación de las tradiciones locales y regionales a la cultura política del franquismo, Cfr. Xosé Manoel Núñez Seixas: *Imperios y danzas. Nacionalismo y pluralidad territorial en el fascismo español (1930-1975)*, Madrid, Marcial Pons, 2023, pp. 216-237. Véase también: Andrea Geniola (ed.): *El franquismo y el 'regionalismo bien entendido'*, dossier de la revista *Ayer*, nº 123 (2021/3), pp. 11-161.

[37] *PA*, 17-IX-1945. Es significativa la referencia al término "memoria histórica" en un periódico local de 1945. Este término ha sido sobre todo utilizado desde la aprobación de la Ley 52/2007, según la cual "se reconocen y amplían derechos y se establecen medidas en favor de quienes padecieron persecución o violencia durante la guerra civil y la dictadura". https://www.boe.es/buscar/pdf/2007/BOE-A-2007-22296-consolidado.pdf [Consultado el 30-III-2023]. Cfr. Josefina Cuesta: *La odisea de la memoria. Historia de la memoria en España. Siglo XX*, Madrid, Alianza, 2008.

[38] El *Agur Jaunak* es una melodía popular utilizada en el folklore vasco, que "se ha convertido en patrimonio de todas las sensibilidades políticas arraigadas en el País Vasco y Navarra, sin excepción", en parte gracias a que "carece de contenido político expreso, aunque sí de uno marcadamente religioso". Cfr. Jesús Casquete, "*Agur Jaunak*", en Santiago de Pablo, José Luis de la Granja, Ludger Mees y Jesús Casquete (coords.), *Diccionario ilustrado de símbolos del nacionalismo vasco*, Madrid, Tecnos, 2012, pp. 85-95.

en la Guerra Civil del lado de los sublevados[39]. También fueron recurrentes en su alocución las alusiones a la victoria en el conflicto bélico, convertida en única base legitimadora del régimen franquista[40]. En palabras de Franco, el éxito logrado en 1939 "no ha sido de una persona, ni de un partido; nuestra victoria ha sido la victoria de la fe, desde las tradiciones, de los hogares, del campo". Fue, según el dictador, "el triunfo de todos y derrota solo de la antiEspaña".

Sin embargo, si hay que destacar alguna cuestión en su alocución, es la atención continua a las tradiciones y a las peculiaridades alavesas, en clara referencia a su tradición foral y el mantenimiento del Concierto económico tras la guerra, a diferencia de sus vecinas Vizcaya y Guipúzcoa[41]. Así, explicaba Franco, "en nuestra evocación a las viejas tradiciones alavesas, en nuestro apego a los viejos Fueros, está toda la razón de nuestra Cruzada". Haciendo un breve y peculiar repaso a la historia de España, se refería a los privilegios que "todos los pueblos españoles" habían disfrutado a lo largo de esta. Y realizaba una crítica a la aparición de la Ilustración que, según Franco, había pretendido transformar las tradicionales instituciones, trayendo consigo, así, "aquellas reacciones españolas que tantas veces ensangrentaron nuestras tierras y que tuvieron corazón y remate en nuestra gloriosa Cruzada". Estas referencias al pasado del país y a la resistencia contra el *enciclopedismo* aluden tanto a la Guerra de la

---

[39] Sobre el tema, Cfr. Ruiz Llano: *Álava*.
[40] Sobre la dialéctica de la *victoria* como justificación del mantenimiento del régimen, Cfr. Box, *España*, pp. 47-118.
[41] Cfr. Coro Rubio: "Fueros", en De Pablo, Granja, Mees y Casquete (coords.), *Diccionario*, pp. 357-372 Asimismo, De Pablo y López de Maturana, *Álava*, pp. 89-92.

Independencia de 1808-1814 como a las Guerras Carlistas del XIX, episodios de la historia contemporánea que han sido reinterpretados por distintas culturas políticas en función de su interés[42].

Continuaba el dictador con las referencias históricas para justificar el mantenimiento de la *peculiaridad* alavesa:

> Nuestro Movimiento hizo posible la vuelta de España a su propio ser [...].
> No vino a sustituir el desorden republicano por la arbitrariedad, sino a devolver a los españoles, con el orden, sus derechos, sus fueros y sus libertades, a restaurar ese amor a la tradición y ese gusto por lo peculiar de cada lugar o comarca [...].
> *Amar a la comarca es amar dos veces a España* [...]. El Estado que nuestro Movimiento ha alumbrado aspira a reforzar la personalidad de nuestras provincias, adoptarlas y a facilitarlas los medios de encararse con esas peculiaridades de cada una dentro de la unidad armónica e indestructible de la Patria[43].

---

[42] Sobre la reinterpretación que el franquismo hizo de la Guerra de la Independencia, Cfr. Javier Moreno Luzón: "Por amor a las glorias patrias. La persistencia de los grandes mitos nacionales en las conmemoraciones españolistas (1905-2008)", en Ludger Mees (ed.): *La celebración de la nación. Símbolos, mitos y lugares de memoria*, Granada, Comares, 2012, pp. 215-244. Asimismo, Box, *España*, pp. 211-220. Sobre las Guerras Carlistas, véase: López de Maturana: "Guerras Carlistas", en De Pablo, Granja, Mees y Casquete (coords.), *Diccionario*, pp. 468-481. Véase también: José Álvarez Junco (coord.): *Las historias de España. Visiones del pasado y construcción de identidad*, Barcelona, Crítica, 2013. Del mismo autor: *Mater dolorosa. La idea de España en el siglo XIX*, Madrid, Taurus, 2001.

[43] *PA*, 17-IX-1945. La cursiva es de la autora.

Se trataba, sin duda, de una singular reinterpretación de la historia, contrapuesta a la planteada por el nacionalismo vasco: frente a la reivindicación de la independencia del País Vasco reclamada por este último –centrándose en *lo que nos diferencia* respecto de España–, el franquismo destacaba precisamente esas *peculiaridades* como elementos culturales singulares pero, a su vez, aglutinadoras, siempre respetando la *unidad*, legitimándose para ello en supuestas tradiciones y privilegios ancestrales comunes, los Fueros[44]. Así, cerraba su discurso el *Caudillo* reiterándose sobre esta idea: "Bendecimos los fueros y la tradición, por cuanto representan de españolismo, de nuestra esencia y de nuestro espíritu"[45].

En la misma línea se dirigió el presidente de la Diputación –el carlista Lorenzo de Cura– a los asistentes. Tras las referencias a la victoria en la guerra ("¡Señor! Ahora que sois victoria lograda, victoria en la guerra victoria en la paz") y las correspondientes lisonjas al dictador, procedió a realizar una reinterpretación de la historia de Vitoria desde de su fundación en 1181 por Sancho VI *el Sabio* de Navarra. Desde entonces, insistía De Cura, la provincia "tiene su fisonomía privativa especial y conserva parte de su antiguo ser foral". Solo en el siglo XIX –tras las revoluciones liberales–, Álava habría perdido parte de esos privilegios que ahora, en plena dictadura, venían a restaurarse porque –según su análisis de la historia– el régimen de Franco respetaba estas atá-

---

[44] Cfr. Núñez Seixas, *Imperios*, pp. 163-213. Asimismo, véase: Gustavo Alares López: *Políticas del pasado en la España franquista (1939-1964). Historia, nacionalismo y dictadura*, Madrid, Marcial Pons, 2017. Sobre la reinterpretación de determinados episodios del pasado realizada por el nacionalismo vasco, Cfr. De Pablo, Granja, Mees, y Casquete (coords.), *Diccionario*.
[45] *PA*, 17-IX-1945.

vicas tradiciones que se habían perdido tras la llegada del régimen liberal, origen de todos los males que habían afligido a España, según la exégesis franquista[46]. Sin embargo –y con la clara intención de diferenciar su interpretación histórica de la realizada por el nacionalismo vasco–, el presidente de la Diputación alavesa dejaba claro que "aun pretendiendo exaltar el carácter foral, no es menos española que las demás. […] Álava ha sido y es España, Álava quiere ser siempre España"[47].

Siguiendo esta misma línea, no solamente determinados hechos históricos fueron objeto de reinterpretación por parte de la dictadura franquista. También algunos personajes del pasado fueron asumidos por parte del régimen como referentes, siendo convertidos en símbolos, siempre llevando a cabo una conveniente relectura de su legado. Tal es el caso del teólogo y jurista dominico Francisco de Vitoria. Nacido en Burgos en 1483, realizó sus estudios en París y, desde 1526 hasta su muerte en 1546, ocupó la Cátedra de Teología de la Universidad salmantina. Fue fundador de la Escuela de Salamanca y es considerado el padre del Derecho Internacional[48]. Si bien ha perdido fuerza en las últimas décadas, la reivindicación vitoriana de Fray Francisco –iniciada, entre otros, por el futuro dirigente del PNV Francisco Javier Landaburu– tuvo su cénit

---

[46] Núñez Seixas, ¡Fuera…!, pp. 180-189.

[47] PA, 17-IX-1945.

[48] Entre sus lecciones destacan De iure belli, en la que explicaba el concepto de "guerra justa", y De indis, en la que sostenía que los indios no eran seres inferiores sino seres humanos libres, dueños de sus bienes y sus tierras. Su memoria ha quedado plasmada en una asociación española de jueces y magistrados y en una universidad madrileña que llevan su nombre. Cfr. Ramón Hernández Martín: Francisco de Vitoria: vida y pensamiento internacionalista, Madrid, Biblioteca de Autores Cristianos, 1995.

durante el franquismo. Buena prueba de ello es la inauguración en 1945 –como preparación del IV centenario de su fallecimiento, que tendría lugar al año siguiente– de un monumento en su honor en el contexto de esta visita de Franco a Vitoria[49]. La escultura es obra de Moisés Huerta y en ella figura la inscripción "Álava y Vitoria a quien tanto honró su nombre. Fray Francisco de Vitoria. Creador del derecho internacional. Legislador de Indias. Catedrático de la Universidad de Salamanca". Tal y como se puede visualizar en el NO-DO, el dictador descubrió la escultura, y en esta ocasión los discursos corrieron a cargo del alcalde, Joaquín Ordoño, y del director general de política exterior, en representación del ministro Alberto Martín-Artajo, que no pudo acudir a la cita.

Ordoño, en un alarde de *vitorianismo*[50], definió a fray Francisco como "uno de sus hijos más preclaros" y destacó que la ciudad tenía una "deuda pendiente" con el dominico, que ahora parecía quedar saldada con la inauguración del monumento. Tras repasar la obra y recorrido histórico de Francisco de Vitoria, llegó a compararlo con Franco –allí presente–, realizando una particular reinterpretación histórica sobre la postura tomada por el régimen durante la Segunda Guerra Mundial. El alcalde –sin explicar con el más mínimo matiz la evolución española sobre el conflicto

---

[49] En la década de 1920 se planteó en la capital alavesa la idea de erigir un monumento a Francisco de Vitoria, en el marco de la reivindicación de esta prominente figura mundial. En esa época había brotado una polémica en la prensa, liderada por el futuro líder del PNV Francisco Javier Landaburu, sobre su lugar de nacimiento. Mientras Landaburu defendía que había nacido en Vitoria, el archivero burgalés Gonzalo Díez de la Lastra sostenía que era natural de Burgos. Cfr. López de Maturana, *La reinvención*, p. 102.
[50] Sobre el tema, Cfr. Antonio Rivera: *La conciencia histórica de una ciudad: el "vitorianismo"*, Vitoria-Gasteiz, Diputación Foral de Álava, 1990.

bélico–, manifestó cómo el dictador asumió "el camino de la más estricta neutralidad [...] salvando a su patria de la más espantosa deflagración". Así, el regidor se arrogaba la interpretación oficial, ahora que había finalizado la guerra y que el régimen buscaba sobrevivir, tras la derrota de sus antiguos aliados en la Guerra Civil[51].

Tras el *éxtasis* vivido por la ciudad durante la primera visita del dictador –que marchó directamente hacia San Sebastián–, un editorial publicado por el periódico local *Pensamiento Alavés* el 19 de septiembre plasmaba en un titular la esencia, tanto del mensaje de Franco como de las diversas autoridades presentes en los distintos actos: "En defensa de lo peculiar". Y es que, como quedó claro en esta primera visita, "los momentos de mayor construcción simbólica foral –e indirectamente, cuando se conforman de manera más clara las señas de identidad alavesa– son la parte central del siglo XIX, gracias a la acción de los fueristas, y el franquismo"[52]. En gran medida, esto fue consecuencia de que diversos personajes procedentes del carlismo

---

[51] PA, 18-IX-1945. Parece que a Ordoño se le olvidaba cómo España pasó de la neutralidad a la 'no beligerancia' y cómo hubo sectores del régimen que siempre fueron favorables a la entrada de España en la Segunda Guerra Mundial. Consecuencia de ello fue, sin duda, la creación de la División Española de Voluntarios o *División Azul*. Sobre el tema, Cfr. Ángel Viñas: *Sobornos. De cómo Churchill y March compraron a los generales de Franco*, Barcelona, Crítica, 2021. Xavier Moreno Juliá: *Hitler y Franco. Diplomacia en tiempos de guerra*, Barcelona, Planeta, 2007. Manuel Ros Agudo: *La gran tentación. Franco, el imperio colonial y los planes de intervención en la II Guerra Mundial*, Barcelona, Styria, 2008. Emilio Sáenz-Francés: *Entre la Antorcha y la Esvástica. Franco en la encrucijada de la Segunda Guerra Mundial*, Madrid, Actas, 2009. Xosé Manoel Núñez Seixas: *Camarada Invierno. Historia y memoria de la División Azul (1941-1945)*, Barcelona, Crítica, 2016.
[52] De Pablo y López de Maturana, *Álava*, p. 20.

y de la tradición foralista –como De Cura u Ordoño– lideraran las instituciones alavesas en esa época. Personas que buscaban "enlazar con los Fueros del siglo XIX, interpretados en un sentido alavesista y españolista, en ocasiones compatible con un vasquismo no nacionalista"[53].

---

[53] *Ibid.*

2. La segunda visita (1947)

La creación de la medalla
Francisco de Vitoria

PA, 1-IX-1947. *Pensamiento Alavés* destaca en su portada la inmediata llegada del dictador a la ciudad, además de incluir escritos de las distintas autoridades locales y provinciales.

La segunda visita que el dictador realizó a la ciudad fue aún más fugaz que la anterior. El 1 de septiembre de 1947 –procedente de San Sebastián y de camino hacia Burgos– Franco estuvo en Vitoria para recibir la recientemente creada Medalla de Oro Francisco de Vitoria. Esta había sido instaurada por el Ayuntamiento de la ciudad el 22 de enero de 1947 para "premiar a las personas, Corporaciones y colectividades nacionales y extranjeras que más se hayan distinguido por sus trabajos en la esfera del Derecho y principalmente por el sostenimiento de la Paz entre las naciones"[54]. En el momento de su creación, se acordó ofrecer la primera medalla a Francisco Franco, motivo por el que visitó la capital alavesa en el mes de septiembre.

El Ayuntamiento de Vitoria concibió esta medalla con el objetivo de seguir en esa línea, ya explicada, de recuperación de la figura de este jurista dominico, en clave *vitorianista*. A su vez, se trataba de relacionar su legado con la dictadura de Franco y, concretamente, con la exaltación de su persona, que concentraba en sí la propia esencia del régimen. Así se pudo ver en el reglamento que el pleno del Ayuntamiento elaboró para la concesión de dicha distinción. Se trató de un acto más de acatamiento y adulación al jefe del Estado quien, como explicaremos más tarde, finalmente declinó recibir la distinción en favor del papa Pío XII, "primer propulsor de la Paz en las Naciones"[55].

---

[54] Actas del Pleno del Ayuntamiento de Vitoria, 22-I-1947.
[55] *PA*, 2-IX-1945.

Sin duda, la creación de esta medalla estuvo directamente relacionada con los sucesos de 1946, que habían tenido lugar en la ciudad con motivo de la conmemoración del IV centenario de Francisco de Vitoria[56]. Se trató de un acto de propaganda nacionalista vasca que respondía a la intención del Partido Nacionalista Vasco (PNV) de volver a actuar en Vitoria, tras el revés que había supuesto la caída de la *red Álava* a finales de 1940[57]. En junio de 1946, los nacionalistas vascos alaveses aprovecharon la visita a Vitoria de un grupo de profesores universitarios extranjeros que se disponían a participar en el congreso de la asociación católica *Pax Romana* en Salamanca y en los actos del IV centenario de Francisco de Vitoria, para llevar a cabo una de sus acciones propagandísticas más significativas durante el franquismo[58]. Dicha

---

[56] José Martínez de Marigorta: "Cómo se celebrará el centenario del Padre Vitoria", *La Estafeta Literaria*, 1946.

[57] Se trató de una pequeña red de resistencia clandestina, cuyo fin era auxiliar a los presos nacionalistas y hacer labores de espionaje para el exilio vasco y, durante la Segunda Guerra Mundial, indirectamente para los aliados. Tras la entrada de los nazis en París y la ocupación de la sede del Gobierno vasco en 1940, cayeron los integrantes de la *red Álava*, denominada así por el nombre de su líder, Luis Álava Sautu, que fue detenido en enero de 1941. La intervención de diferentes personalidades ante las autoridades franquistas –como, por ejemplo, el entonces vicepresidente de la Diputación Foral de Álava, Luis María Uriarte Lebario– no logró conmutar la pena de muerte a la que fue condenado, siendo fusilado el 6 de mayo de 1943. Cfr. Santiago de Pablo: *En tierra de nadie. Los nacionalistas vascos en Álava*, Vitoria-Gasteiz, Ikusager, 2008, pp. 278-287. El documento de Uriarte fue mostrado en la exposición itinerante "Red Álava. Mujeres invisibles, solidaridad y espionaje (1936-1947)", organizada por la Sabino Arana Fundazioa. https://www.museodelnacionalismovasco.eus/exposiciones-itinerantes/red-alava-mujeres-invisibles-solidaridad-y-espionaje-1936-1947 [Consultado el 2-IV-2023].

[58] Ignacio Errandonea: "Centenario de Vitoria. XIX Congreso Mundial de 'Pax Romana'. Instituto Luso-Hispano-Americano (20 de junio-4 de julio)", *Razón y Fe*, nº 582/583, pp. 78-89.

conmemoración incluía un homenaje en el monumento recientemente inaugurado para honrar al fundador del Derecho Internacional. La noche anterior a la celebración de dicho homenaje, un grupo de jóvenes nacionalistas vascos colocaron *ikurriñas* en los aledaños del monumento y abarrotaron la zona con libelos propagandísticos, realizando asimismo pintadas en las que se podía leer "Gora Euzkadi Azkatuta" ("Viva el País Vasco libre", en euskera) en la base de dicho monumento[59].

Frente a estos hechos, el gobernador civil, Luis Martín-Ballestero, mostró ante sus superiores su preocupación por el "problema del nacionalismo vasco", que "creo debe calificarse de verdadera gravedad". Las detenciones comenzaron ese mismo día y, al coincidir entre los detenidos su filiación nacionalista y de Acción Católica, Martín-Ballestero creyó que dicho movimiento se había gestado en el seno del Seminario Diocesano de Vitoria[60]. Los nacionalistas vascos fueron condenados a varios años de prisión. Según el boletín del PNV en el exilio *Alderdi*, Martín-Ballestero había conseguido que en Vitoria "los patriotas vascos" fueran "perseguidos, encarcelados durante meses y años y sometidos a procesos monstruosos con peticiones de penas reservadas

---

[59] Al día siguiente, el acto hubo de retrasarse durante más de dos horas, a pesar de lo escrito por el gobernador civil, Luis Martín-Ballestero Costea. Este aseguró en un informe que "pudo limpiarse todo antes de la hora anunciada para la colocación de estas coronas y celebrarse todos los actos en honor de los extranjeros con gran brillantez, marchando estos haciendo cálidos elogios de las atenciones que recibieron". Archivo General de la Administración (AGA), Presidencia, 20658. Parte mensual de junio de 1946.

[60] AGA, Presidencia, 20658. Parte mensual de junio de 1946. "Se relacionan estos hechos con sordas resistencias pasivas que al Régimen opone algún pequeño sector y con los comentarios de la gente acerca de determinadas actitudes anti españolas dentro del Seminario Diocesano". Véase De Pablo, Goñi y López de Maturana, *La Diócesis*, pp. 409-465.

en cualquier país del mundo, a los grandes delincuentes"[61]. Finalmente, la mayor parte de los acusados no cumplieron sus penas, debido a las vicisitudes del proceso judicial, pero así se entiende que el Ayuntamiento tratara de *limpiar* la imagen de Francisco de Vitoria, como símbolo asumido por la capital alavesa y por la dictadura, mediante la concesión a Franco de la medalla que llevaba su nombre.

La visita trajo consigo un nuevo despliegue informativo, hasta el punto de que *Pensamiento Alavés* –un diario vespertino– publicó dos números distintos el día 1 de septiembre. El primero de ellos –que extraordinariamente salió publicado por la mañana– anunciaba la llegada del dictador para las tres de la tarde. Todas las instituciones estaban presentes en la portada. En primer lugar, el gobernador civil, quien –haciendo referencia al referéndum sobre la Ley de Sucesión en la Jefatura del Estado que había tenido lugar dos meses antes[62]– afirmaba estar seguro de que los alaveses responderían a la visita del dictador "cumpliendo sus órdenes como en los tiempos en que nuestro Caudillo nos llevó en los campos de batalla hacia la paz que luego tan firmemente supo defender"[63]. Quedaba claro, una vez más, que las alusiones a la victoria en la guerra habían de ser inevitables en cualquier discurso de las autoridades, dado que era su único modo de legitimar el régimen instaurado tras el conflicto bélico.

---

[61] *Alderdi*, IV-1953. De Pablo, *En tierra*, p. 292.

[62] María Rosa Cal Martínez: "La campaña de propaganda para la instauración monárquica. La ley de Sucesión en la Jefatura del Estado, 1947", en Juan Antonio García Galindo, Juan Francisco Gutiérrez Lozano y María Inmaculada Sánchez Alarcón (coords.): *La comunicación social durante el franquismo*, Málaga, Ayuntamiento, 2002, pp. 277-294.

[63] *PA*, 1-IX-1947 (1).

Tampoco dejó pasar la oportunidad el presidente de la Diputación, Lorenzo de Cura, quien llamó a los alaveses a recibir a Franco "con entusiasmo, con admiración y con cariño". Y tras las referencias a la guerra de 1936-1939 y a la paz que supuestamente había mantenido el *Caudillo* tras su fin, se dirigía al dictador, estableciendo una comparación entre este y Francisco de Vitoria: "Todos sabemos muy bien que Vos como pocos en el mundo ha sabido interpretar rectamente en la guerra y en la paz la doctrina justa, cristiana y generosa de NUESTRO GRAN VITORIA, verdadero padre del Derecho Internacional". Por su parte, el alcalde de Vitoria, Luis Saracho Momeñe, lanzó una llamada desde el periódico local a "todo buen vitoriano" para "asociarse a los actos que se ha de celebrar en su honor aclamando a la persona que nos gobierna y a la cual debemos esta paz que disfrutamos manteniéndonos alejados de las incertidumbres y desvelos porque (*sic*) atraviesa el mundo actual". Es asimismo significativo que *Pensamiento Alavés* lanzara sendos mensajes, muy destacados en su portada– a los vitorianos y a los alaveses: "VITORIANO: El Jefe del Estado va a convivir unas horas contigo. Exprésale tu lealtad, reconocimiento y gratitud". "ALAVESES: Recordad que Franco ha llevado a España por caminos de prosperidad, manteniéndonos alejados de la guerra y en la paz, librándonos de los horrores y de la ruina"[64]. Estos insistentes mensajes solo se entienden en el contexto que estaba viviendo España en ese momento pues, tras el fin de la Segunda Guerra Mundial y la derrota de Italia y Alemania, había quedado aislada. Se lanzaba el incorrecto mensaje –tal y como había hecho Ordoño anteriormente– de que el dictador había evitado la entrada del país en el conflicto

---

[64] *PA*, 1-IX-1947 (1).

bélico mundial y, con ello, todas sus nefastas consecuencias. Por ello, vitorianos y alaveses habían de salir a la calle para mostrarle su agradecimiento. Sin embargo, la realidad era que, en los comienzos de la Guerra Fría, España había quedado aislada internacionalmente, tras haber apoyado –de un modo u otro– a las potencias del Eje. El país quedaba ahora, ante el mundo, como un vestigio del ya derrotado fascismo[65].

Este ejemplar matutino anunciaba la llegada a la ciudad de otras autoridades para acompañar a Franco en su visita. Por ejemplo, el ministro de la Gobernación, Blas Pérez –que asistiría a la inauguración del Instituto Provincial de Sanidad–, el ministro del Aire, Eduardo González-Gallarza, así como el general Juan Yagüe. Asimismo, indicaba que el dictador inauguraría una exposición de arte ubicada en la Escuela de Artes y Oficios, organizada por la Obra Católica de Asistencia Universitaria (OCAU)[66], que acogería en una sala obras de autores españoles, si bien otra estaría dedicada exclusivamente a artistas locales. La última página de este ejemplar matutino de *Pensamiento Alavés*

---

[65] Cfr. Pedro A. Martínez Lillo: "La política exterior de España en el marco de la Guerra Fría. Del aislamiento a la integración parcial en la sociedad internacional, 1945-1953", en Javier Tusell, Juan Avilés y Rosa María Pardo (eds.): *La política exterior de España en el siglo XX*, Madrid, Biblioteca Nueva, 2000, pp. 323-340.

[66] La OCAU acogió en España a intelectuales católicos que huyeron de la Unión Soviética y de sus países satélites. Cfr. Feliciano Montero: "Asistencia social, catolicismo y franquismo. La actuación de Acción Católica en la posguerra", en Carme Agustí, Josep Gelonch y Concepción Mir (coords.): *Pobreza, marginación y políticas sociales bajo el franquismo*, Lleida, Universidad, 2005, pp. 113-138. Feliciano Montero: "La Acción Católica Española entre el triunfalismo y la autocrítica, 1951-1957", en Feliciano Montero y Joseba Louzao (coords.): *Catolicismo y franquismo. La España de los años cincuenta. Autocrítica y convergencias*, Granada, Comares, 2016, pp. 35-52.

recogía la moción del Ayuntamiento de Vitoria en la que se concedía la primera medalla Francisco de Vitoria –con "carácter extraordinario"– al dictador[67].

Imagen 2. Franco se dirige a la población alavesa desde el balcón del palacio de la Diputación Foral de Álava. A su derecha, una segunda cámara del NO-DO filma al público congregado en la plaza. Fuente: NO-DO 245 B (15-IX-1947). https://www.rtve.es/filmoteca/no-do/not-245/1487540/ [Consultado el 21-I-2024].

El ejemplar vespertino de *Pensamiento Alavés* destacaba en su portada cómo la ciudad había recibido "en forma apoteósica al S. E. el Caudillo de España", con un "libre refrendo ciudadano"[68]. La tarde de ese día había sido declarada festiva por la Delegación del Trabajo de Álava. Así, tal y como indicaba el diario, desde la mañana había ido llegando gente de los distintos

[67] *PA*, 1-IX-1947 (1).
[68] *PA*, 1-IX-1947 (2).

pueblos de Álava. Poco a poco "la animación en las calles fue creciendo y a primera hora de la tarde daba la sensación de un día de grandes acontecimientos, apareciendo las calles llenas de un inmenso gentío"[69]. Según indica la prensa local, la plaza estuvo desde primera hora de la tarde profusamente engalanada con banderas de los distintos ayuntamientos alaveses, que "daban una policromía agradable en el abigarrado conjunto de la típica plaza vitoriana", una plaza repleta de "banderas y pancartas por doquier, con alusiones y saludos a S. E.", como bien se observa en el NO-DO. Mientras, los "equipos de altavoces van transmitiendo las noticias" del paso del séquito de Franco por las distintas localidades de la provincia.

Las imágenes del NO-DO reflejan a un gran público recibiendo a la comitiva, escoltada por motocicletas de la policía, junto con los militares a pie[70]. Arribaron a Vitoria a las cuatro y veinticinco de la tarde para, primeramente, inaugurar la sede del Instituto Provincial de Sanidad, en la calle Santiago. A continuación, Franco y su esposa Carmen Polo (en esta ocasión también acompañados por su hija, Carmen Franco Polo) se dirigieron en coche hacia la plaza de España, donde les recibieron las autoridades, mientras sonaba el himno nacional. Ante la multitud concentrada en la plaza, se vieron protegidos por los Miñones[71], pero también rodeados de un buen número de chi-

---

[69] *PA*, 1-IX-1947 (2).

[70] NO-DO 245 B (15-IX-1947). https://www.rtve.es/filmoteca/no-do/not-245/1487540/ [Consultado el 2-IX-2023]. Esta edición tampoco conserva el audio.

[71] Los Miñones son la milicia foral en Álava. Cfr. Peli Martín Latorre: *Los Miñones en Álava: el testimonio de una vida, el testimonio de una actuación, el testimonio de una realidad*, Vitoria-Gasteiz, Gobierno vasco, 1998. De Pablo y López de Maturana, *Álava*, pp. 98-100.

cas vestidas con el traje tradicional vasco que les lanzaban pétalos de flores.

Una vez en el salón de plenos del Ayuntamiento, el secretario leyó el acta por el que se le concedía la primera medalla de oro Francisco de Vitoria. A continuación, el alcalde tomó la palabra para pronunciar un discurso en el que, una vez más, se equiparaba la labor de Franco con la del dominico:

> Quiera Dios que la reconstrucción moral del mundo se base también en estas directrices del Padre Vitoria, es decir, en la idea de comunidad y convivencia internacionales que por estar en la esencia de la naturaleza humana será garantía de paz firme y segura, como la que Vos, Excelencia, habéis sabido forjar para bien de nuestra querida Patria y ejemplo de las demás naciones[72].

Tras la arenga de Saracho, el dictador pronunció unas palabras de agradecimiento por la distinción concedida por el Ayuntamiento de Vitoria, "y en un gesto magnífico dice que cree no ser merecedor de la primera Medalla, la cual por derecho y por hecho corresponde a Su Santidad el Papa Pío XII". Así, Franco renunciaba a la primera medalla. No obstante, el Ayuntamiento no podía dejar escapar la oportunidad de agasajar a Franco y, finalmente, le fue concedida al año siguiente la segunda medalla de Fray Francisco de Vitoria, "por su alta y meritoria labor en pro del orden y la paz"[73]. A lo largo de la dic-

---

[72] *PA*, 1-IX-1947 (2).
[73] *PA*, 2-IX-1947. La medalla a Franco fue revocada en 2009, siendo alcalde de Vitoria-Gasteiz el socialista Patxi Lazcoz.

tadura, solamente fueron otorgadas cinco medallas: la primera y la segunda, como hemos visto, al papa Pío XII (1947) y a Francisco Franco (1948). Tardarían aún doce años en dispensar la siguiente que, significativamente, fue concedida al presidente de los Estados Unidos, el republicano Dwight D. Eisenhower. De este modo explicaba el Ayuntamiento la concesión de la medalla al líder norteamericano[74]:

> El noble propósito que anima a dicho Presidente, hombre sincero y generoso, de buscar un medio posible de entendimiento entre los pueblos aun en medio de las ásperas y difíciles circunstancias en que se desarrolla la vida de muchos de ellos, abre la esperanza de que puedan evitarse para el porvenir nuevos daños a la comunidad internacional. A este fin trabaja afanosamente porque todos los Estados pacíficos y amantes de la paz sin distinción estén unidos por el precepto de la fraternidad humana, esencial en toda civilización y respetando siempre la personalidad y la soberanía de las naciones, conforme a los principios del Derecho Internacional que de manera tan luminosa propugnó Fray Francisco de Vitoria.

En realidad, la medalla para Eisenhower solo se entiende teniendo en cuenta que —tras diversos intentos por parte de ambos países—, su llegada al frente de la Administración estadounidense había supuesto el inicio del reconocimiento internacional para una España que llevaba aislada desde el fin de la Segunda Guerra Mundial. Así, tras el refrendo del Concordato con la Santa Sede en agosto de 1953, se firmaron en Madrid los Pactos con los Estados

---

[74] *PA*, 3-II-1960.

Unidos (23 de septiembre de 1953). Por su parte, el reconocimiento del Vaticano fue esencial para impulsar la proyección internacional del régimen de Franco, sobre todo en los países europeos liderados por partidos democristianos. Y el realizado por el país norteamericano suponía la admisión de España por los países del bloque occidental, en un contexto de Guerra Fría, aunque fuera con un papel secundario[75]. Durante la dictadura, solamente fueron concedidas dos medallas más: en 1966 al pontífice Pablo VI y en 1970 al catedrático de Derecho Internacional Público y Privado de la Universidad de Valladolid, Alejandro Herrero Rubio, que llevaba organizando desde 1946 los Cursos de Verano de Derecho Internacional en Vitoria, más tarde asumidos por la Universidad del País Vasco/Euskal Herriko Unibertsitatea (UPV/EHU)[76].

La medalla fue recuperada años más tarde, en 2002, siendo alcalde de la ciudad el conservador Alfonso Alonso Aranegui. Entonces se le concedió la medalla Francisco de Vitoria al exsecretario general de las Naciones Unidas, el egipcio Butros Ghali. En el nuevo reglamento para su concesión se indicaba que esta sería otorgada a "personas físicas o instituciones que se hayan desta-

---

[75] Este punto de inflexión supuso la progresiva incorporación de España a diversos organismos internacionales, como por ejemplo las Naciones Unidas (1955) o el Fondo Monetario Internacional (1958). Sobre el tema, Cfr. Pablo Martín de Santa Olalla: "El Concordato de 1953 y la España católica", *Estudios Eclesiásticos,* vol. 91 (2016), n° 356, pp. 173-190. Lorenzo Delgado, Ricardo Martín de la Guardia y Rosa Pardo (eds.): *La apertura internacional de España. Entre el franquismo y la democracia (1953-1986)*, Madrid, Silonia, 2016. Ángel Viñas: *En las garras del águila. Los pactos con Estados Unidos de Francisco Franco a Felipe González, 1945-1995*, Barcelona, Crítica, 2003.
[76] Celestino del Arenal: "Los cursos de Derecho Internacional de Vitoria-Gasteiz", *Revista de Estudios Internacionales*, vol. 6, n° 2 (abril-junio 1985), pp. 453-461. Santiago de Pablo y Coro Rubio Pobes: *Eman ta zabal zazu. Historia de la UPV/EHU (1980-2005)*, Bilbao, UPV/EHU, 2006.

cado en el contexto internacional por la defensa de los derechos humanos y la promoción de los valores de la democracia, la paz y la cooperación internacional, así como a personalidades relevantes en el ámbito de los estudios de Derecho Internacional, con una trayectoria destacada en los ámbitos académico y doctrinal"[77]. Entre los recientemente galardonados figuran UNICEF, la Corte Interamericana de Derechos Humanos, el francés Jacques Delors (antiguo presidente de la Comisión Europea), o el exalcalde de la ciudad, el *jeltzale* José Ángel Cuerda.

---

[77] https://www.vitoria-gasteiz.org/docs/wb021/contenidosEstaticos/adjuntos/es/11/30/1130.pdf. Véase también: https://www.vitoria-gasteiz.org/wb021/was/contenidoAction.do?idioma=es&uid=u50941616_15 b847cac8a__7f40 [Consultados el 2-IV-2023].

3. La tercera visita (1953)

La exaltación del régimen en pleno reconocimiento internacional

PA, 8-VIII-1953. La prensa local resalta en su portada la enorme expectación que existía en Vitoria ante la llegada del dictador.

La tercera visita de Franco a la capital alavesa tuvo lugar el 8 de agosto de 1953. La ciudad se encontraba en plenas fiestas. Precisamente desde ese año se había establecido que, de manera fija, diesen comienzo el 4 de agosto a las 6 de la tarde y se prolongaran hasta el día 9[78]. En esta ocasión se dio la circunstancia de que su esposa, Carmen Polo –así como su hija, acompañada por su marido Cristóbal Martínez-Bordiú– llegó dos días antes, pues era una asidua a las fiestas de La Blanca[79]. Polo fue recibida por diversas autoridades locales –así como por otras procedentes de Guipúzcoa y Vizcaya– en la escalinata de la iglesia de San Miguel, donde oró ante la patrona de Vitoria, la Virgen Blanca para, más tarde, acudir a la feria taurina[80].

Como venía siendo habitual en las visitas del dictador a la ciudad, la prensa difundió mensajes del alcalde –Gonzalo Lacalle

---

[78] De Pablo y López de Maturana, *Álava*, pp. 40-43. María Camino Urdiain: *La Blanca: fiestas patronales de Vitoria-Gasteiz, 1940-1975*, Vitoria-Gasteiz, Diputación Foral de Álava, 1998.

[79] Como otros años, el 5 de agosto de 1949 asistió a los toros en Vitoria. La mujer del *Caudillo* llegó tarde a la cita taurina, por lo que las autoridades locales ordenaron retrasar el reloj, lo que indignó a los vitorianos y a los blusas que, de manera individual y oficiosa, asistían al evento. Estos comenzaron a abuchear a la mujer del dictador, lo que enojó sobremanera al gobernador civil, Luis Martín-Ballestero. De Pablo y López de Maturana, *Álava*, pp. 40-43. Asimismo, las recientemente estrenadas películas familiares de Juan Manuel Alfaro Caballero, con el título *El color auténtico. Vitoria-Gasteiz, 1954-1959*, y de cuyo proyecto participé realizando los guiones, muestran la presencia de Carmen Polo en una corrida de toros en 1955. https://web.araba.eus/es/cultura/el-color-autentico [Consultado el 2-IV-2023].

[80] *PA*, 6-VIII-1953.

Leloup– y del presidente de la Diputación, Lorenzo de Cura, llamando a la población alavesa a unirse a "tan solemne y grato acontecimiento". Por su parte, Martín-Ballestero publicó desde el Gobierno Civil el programa de actos e informó de cómo estarían engalanadas las calles por las que pasaría el *Caudillo*, con banderas nacionales, del Movimiento, y también lucirían los colores del Vaticano en la catedral nueva[81].

Franco arribó a la ciudad el 8 de agosto a las seis de la tarde, procedente de San Sebastián, donde solía pasar los veranos. Tras saludar a las autoridades en el Ayuntamiento, se trasladó a la céntrica calle Olaguíbel, donde inauguró la nueva sede del Gobierno Civil y el Palacio de Justicia. Franco llegaba a Vitoria pocas semanas antes de la firma del Concordato con la Santa Sede y de los Pactos con los Estados Unidos. Era un momento en el que España dejaba atrás el aislamiento para ser reconocida internacionalmente y en el que la oposición antifranquista había sido totalmente anulada. La de 1950 fue para la dictadura franquista la década de su consolidación a nivel nacional y la del reconocimiento internacional. Así, Franco llegó a Vitoria en plena exaltación, para inaugurar un gran edificio que albergaba dos importantes instituciones. Un edificio que proyectaba en sí mismo el poderío del régimen en esa década.

Tal y como se refleja en el NO-DO, el dictador fue recibido por una multitud de alaveses concentrados en la calle Olaguíbel[82]. En esta ocasión, la visita estaba siendo también retransmitida por

---

81 *PA,* 7-VIII-1953.
82 NO-DO 554 A (17-VIII-1953). https://www.rtve.es/filmoteca/no-do/not-554/1487104/ [Consultado el 2-IV-2023].

Radio Álava, que comenzó sus emisiones ese mismo día[83]. Se trataba de un *episodio piloto* que empezó a las cinco de la tarde y en el que simplemente se dedicaron a informar sobre la visita del dictador y a lanzar arengas. Tres cuartos de hora más tarde conectaron con Radio Nacional de España (RNE) para emitir la llegada del *Caudillo* a Vitoria[84]:

> Aquí Radio Álava, Vitoria se prepara para recibir emocionada la llegada del Caudillo. Todos los vitorianos se encuentran por las calles de nuestra ciudad, y no cesan de llegar en toda clase de vehículos, los habitantes de la Provincia que se unen en masa para recibir al Caudillo. ¡Viva España! ¡Viva siempre Franco! [...]
> ¡Vitorianos! Acudid todos a la plaza del Gobierno Civil para testimoniar nuestra adhesión al Generalísimo Franco que supo ganar la guerra y conducirnos en la paz.

A su entrada a la nueva sede del Gobierno Civil, Franco fue escoltado por las autoridades locales y provinciales, mientras la banda municipal de chistularis, clarineros y atabaleros le re-

---

[83] La emisora fue fundada en 1953 por el médico falangista Rafael Gutiérrez Benito, hombre de confianza del gobernador civil Luis Martín-Ballestero. Al año siguiente comenzó a denominarse *La Voz de Álava*, pasando a depender de la Red de Emisoras del Movimiento (REM). La transcripción completa de todos los programas de Radio Álava se encuentra en el Archivo de Álava. Sobre la historia de la radio en España, Cfr. Armand Balsebre: *Historia de la radio en España*, Madrid, Cátedra, 2001. Ángel Faus Belau: *La radio en España (1896-1977): una historia documental*, Madrid, Taurus, 2007. Enrique Bustamante Ramírez: *Radio y televisión en España. Historia de una asignatura pendiente de la democracia*, Barcelona, Gedisa, 2006.
[84] Arabako Artxiboa/Archivo de Álava (AA), Fondo Radio Álava, tomo 1.

cibían vestidos de gala, interpretando el *Agur Jaunak* y las chicas de la Sección Femenina bailaban con sus "vistosos trajes antiguos alaveses"[85]. Allí le recibieron el ministro de la Gobernación, Blas Pérez y el de Justicia, Antonio Iturmendi, entre otras autoridades.

Tras el saludo a los representantes institucionales, la comitiva estrenó el suntuoso salón de recepciones, sentándose Franco en el sillón presidencial, junto a su mujer. Tras la bendición del edificio por el obispo José María Bueno Monreal, el gobernador civil hizo entrega al dictador del *Álbum de Álava*, "en el que se recogen las principales actividades y realizaciones de las autoridades, Corporaciones, empresas y entidades durante estos últimos años"[86]. Dirigiéndose al público, el gobernador civil insistió en que este *Álbum de Álava* era

> manifestación del esfuerzo de Álava entera a través de las Corporaciones, entidades, Sindicatos, Hermandades, de sus grupos de actividades política, social, económica, de cuanto el Movimiento ha hecho en esta provincia, que sabe de un quehacer social en la busca incesante de nuevas tierras para convertirlas en regadío o en otra cualquier actividad, por ejemplo, en esta restauración de Radio Álava que se inaugura en estos momentos. [...]
> Así, los dos edificios que se inauguran son una manifestación de la preocupación de Álava en este camino que sigue, sin prisa, pero sin pausa[87].

---

[85] *PA*, 10-VIII-1953.
[86] *Ibíd.*
[87] *Ibíd.*

Es significativo que Martín-Ballestero no hiciera referencias en su discurso a la guerra de 1936-1939 y centrara más su arenga en el progreso del que había sido testigo Álava en los últimos lustros. Quizás en su discurso adelantaba el plan de industrialización que estaban preparando las autoridades locales y provinciales para Vitoria, y que la haría pasar de ser una ciudad de poco más de 52.000 habitantes en 1950 a otra de 170.000 a la muerte de Franco[88].

Por su parte, el dictador sí recuperó las alusiones a la guerra y a la victoria de los sublevados en ella. No podía dejar pasar la situación de hacer referencia al contexto internacional, concretamente en lo que respecta a Polonia y Hungría –países de tradición católica–, que "sufren el dominio rojo". Así, comparando la situación de ambas con la del país, explicaba que se puede "comprender mejor la dimensión de lo que hubiera sido España si las hordas marxistas hubiesen triunfado en nuestro territorio". El *Caudillo* aprovechó la coyuntura para realizar una contundente crítica a la política liberal, como causa de todos los males de España, y para defender el Estado corporativo y la *democracia orgánica* instaurada en el país desde el fin de la Segunda Guerra Mundial:

---

[88] Enrique Oltra Moltó, gobernador civil de Álava entre 1966 y 1968, llegó a definir a Vitoria como "'la América' de muchos miles de emigrantes", todos ellos procedentes de otras zonas de España. "De un reportaje de Pedro Orive y Carlos Ayala en el diario 'Pueblo', de Madrid, del 20 de abril de 1967", en Enrique Oltra Moltó: *Intervenciones en Vascongadas. (Comprendidas del periodo abril 1966 a febrero 1970, como gobernador civil y jefe provincial del Movimiento de Álava y Guipúzcoa, respectivamente*, Murcia, Consejo Provincial del Movimiento de Murcia, 1972, pp. 161-164. Sobre el tema de la industrialización, Cfr. González de Langarica, *La ciudad*.

Está claro que si nosotros habíamos de variar la dirección de la marcha en que vegetaba un pueblo, y evitar que se repitiesen sucesos como los pasados, teníamos que construir desde los cimientos, crear una política noble, no la política de los Partidos, sino la que persigue sin mixtificaciones el bienestar del pueblo, y por eso hubimos de construir sobre realidades, partiendo de las organizaciones naturales. [...]
Si toda política ha de buscar el bienestar del pueblo, el bien mayor de los administrados, hay que buscarlo en las organizaciones naturales en que el hombre discurre, en el Ayuntamiento, en la Administración provincial, en el Sindicato, en el taller, en todas sus actividades, porque en ellas está la vida del hombre, en su verdad y no su ficción.
No han de servir los hombres a los Partidos, sino los partidos a los hombres y a sus intereses generales, comprendidos en la Patria y al particular en su bienestar[89].

Se trataba así de justificar la concentración de la gestión política exclusivamente en el Consejo de Ministros o en determinadas autoridades, como los gobernadores civiles. Por el contrario, la labor administrativa quedaba, así, en teoría, en manos de las instituciones más cercanas a la población. Es decir, la política era únicamente dirigida por quienes realmente sabían del asunto y perseguían, presuntamente, ese "bienestar del pueblo" al que hacía referencia el dictador, sin necesidad de recurrir a la existencia de partidos políticos, de diferentes ideologías o modos de opinar.

En su discurso, mucho menos centrado en esta ocasión en las especificidades alavesas, Franco dio importancia a la situación

---

[89] *PA,* 10-VIII-1953.

internacional de España. Dispuesta a dar el cambio para terminar con su aislamiento internacional –como consecuencia del Concordato y los Pactos con Estados Unidos–, Franco aseguraba que el país estaba listo para convivir en armonía con otras naciones, siempre y cuando estas respetaran sus tradiciones: "Estamos dispuestos a convivir con todos los pueblos, a relacionarnos con todas las naciones libres, a establecer con ellas tratados de amistad y de comercio. Pero dentro siempre de nuestra dignidad y del respeto a nuestras tradiciones, a nuestras costumbres, a nuestra fe, y a nuestras libertades", expresó el dictador entre aclamaciones[90].

A continuación, todos se dirigieron hacia el Palacio de Justicia –sito en un ala del mismo edificio–, donde Iturmendi defendió la independencia de la justicia en cualquier Estado de derecho. Se trataba de una afirmación bastante cínica, sobre todo teniendo en cuenta que buena parte de la administración de justicia estuvo en manos de los militares durante buena parte de la dictadura, y que esta distó mucho de ser independiente durante las casi cuatro décadas de duró aquella[91]. Iturmendi puso a Franco como ejemplo de justicia, que no se preocupaba solamente del progreso material de los españoles, sino también de su progreso moral. "Y de ahí por qué, en vuestra preocupación de gobernante cristiano, formáis instituciones donde se aprende la ciencia y las virtudes y cooperáis a las obras de la Iglesia, subvencionándolas, procurando con su beneficio la gloria de Dios, ayudando a los seminarios y a las Catedrales, como la de esta Diócesis de Vitoria

---

[90] *PA,* 10-VIII-1953. NO-DO 554 A (17-VIII-1953). https://www.rtve.es/filmoteca/no-do/not-554/1487104/ [Consultado el 2-IV-2023].
[91] Cfr. Ana Isabel Fernández Asperilla: *La Administración de Justicia en España durante el Franquismo (1939-1975).* Tesis doctoral inédita. Defendida en la Universidad Autónoma de Madrid. (1999).

que muy pronto vais a visitar". Adelantándose en unas semanas al Concordato, el ministro hacía evidente en su discurso la injerencia de la Iglesia en la vida social y moral de los españoles, y la dificultad de saber separar política y religión en estos primeros lustros de la dictadura. Como veremos más adelante, esta situación cambiará tras el Concilio Vaticano II (1962-1965), cuando algunos sectores de la Iglesia se irán mostrando cada vez más críticos con la continuidad del régimen[92].

Desde allí, la comitiva se dirigió por las más céntricas calles de la ciudad hacia la catedral nueva en obras, donde el *Caudillo* fue recibido, en una entrada habilitada *ex profeso*, por el obispo Bueno Monreal y diversas autoridades eclesiásticas. Los alumnos del Seminario, por su parte, acogieron al dictador cantando el *Agur Jaunak*, repitiendo los seminaristas la melodía tras su marcha. Como se puede ver en el NO-DO, el prelado –junto con el arquitecto de la Dirección General de Regiones Devastadas– mostraron a Franco los planos de la catedral, diversos dibujos y perspectivas, así como una maqueta de plata del edificio religioso[93]. A continuación, bajó a la cripta y recorrió otras partes del interior y del exterior. Según *Pensamiento Alavés*, "la visita del Caudillo a las obras de la catedral ha sido muy eficaz". Utilizaron ese epíteto porque el dictador prometió incrementar la subven-

---

[92] Cfr. Montero, *La Iglesia*.
[93] La Dirección General de Regiones Devastadas fue creada por el bando sublevado al término de la Guerra Civil con el objetivo de reconstruir edificios o zonas muy afectadas por el conflicto. Este no fue el caso de la catedral nueva, pero este organismo también fue utilizado como medio transmisor de la propaganda del régimen a través de las obras subvencionadas. Sobre el tema, Cfr. Vicente Javier Mas Torrecillas: *Arquitectura social y Estado entre 1939 y 1957. La Dirección General de Regiones Devastadas*. Tesis doctoral inédita. UNED, 2008.

ción destinada a su construcción, con el objetivo de agilizar las obras y de "poder verlas terminadas cuanto antes"[94].

Una vez finalizado el recorrido por las obras de la catedral, el séquito marchó hacia el palacio Augustín Zulueta –actual Museo de Bellas Artes, denominado entonces Casa de Álava– y que acogía en aquella época la biblioteca y el archivo provincial, así como diversas colecciones artísticas y arqueológicas que fueron mostradas al *Caudillo*[95]. Al término de la visita, y tal y como reflejó el NO-DO –que se detuvo bien en esta última parte del viaja de Franco a Vitoria– fue "obsequiado en los jardines del Palacio con un refresco, así como con una exhibición de cantos y danzas en los que intervinieron el coro de Llodio campeón nacional del Frente de Juventudes; las danzas de Elciego y la Sección Femenina" con bailes tradicionales vascos[96].

---

[94] *PA*, 10-VIII-1953.

[95] El actual Museo de Bellas Artes de Álava fue desde 1916 residencia de Ricardo Augustin y de su esposa Elvira Zulueta. Fue construido fundamentalmente con el dinero que esta heredó de su padre, el alavés Julián Zulueta, el más importante productor de azúcar de Cuba en el siglo XIX. Estuvo al frente de los ingenios Álava, Vizcaya y España, los más grandes de la isla en ese momento. Fue alcalde de La Habana en varias ocasiones. Allí una calle mantiene viva su memoria, la misma en la que se encuentra ubicada la Embajada española en el país caribeño. (https://arteederrenmuseoa.eus/es/) [Consultado el 5-IV-2023]. Sobre el tema, cfr. Ana Arregui Barandiaran, Edurne Martín Ibarraran: *El palacio Augustin Zulueta. De residencia familiar a Museo de Bellas Artes de Álava*, Vitoria-Gasteiz, Diputación Foral de Álava, 2016. Ana Arregui Barandiaran, Cristina Armentia Alaña: *Julián de Zulueta. Un retrato por Federico Madrazo*, Vitoria-Gasteiz, Diputación Foral de Álava, 2019.

[96] *PA*, 10-VIII-1953.

Imágenes 3 y 4. Fotogramas del NO-DO de la visita realizada por Franco a Vitoria el 8 de agosto de 1953. Se observan elementos de clara tradición vasquista, como los Miñones, o los chistularis, así como las chicas de la Sección Femenina ataviadas con trajes tradicionales vascos. Fuente: NO-DO 554 A (17-VIII-1953). https://www.rtve.es/filmoteca/no-do/not-554/1487104/ [Consultado el 21-I-2024].

Esta visita de 1953 tuvo un carácter más institucional y menos carga política que las realizadas en la década de 1940, como hemos visto a través de los actos y discursos. En las anteriores –con claras referencias a la Guerra Civil, al mantenimiento de las peculiaridades alavesas, gracias a la participación de buena parte de la provincia en el lado de los sublevados durante el conflicto– se dejaba ver una clara intencionalidad política en todas las intervenciones de las diversas autoridades y del propio Franco. En esta, por el contrario, los discursos fueron más *planos*, con muchas más referencias al futuro y a las obras realizadas en la provincia como consecuencia del supuesto progreso económico que se había producido durante los últimos años. Solamente el discurso del dictador hizo referencia a asuntos políticos, pero mucho más relacionados con el contexto internacional –la Guerra Fría, esto es, la lucha entre comunismo y el mundo occidental– que en clave interna. Todo ello está relacionado, sin duda, con el fin del aislamiento y el reconocimiento por parte de la gran potencia occidental, tras el que vendría el del resto de países e instituciones del bloque.

4. La cuarta visita (1964)
Los "XXV años de paz"
y la industrialización de Vitoria

PA, 28-VII-1964. *Pensamiento Alavés* informa de la próxima visita de Franco a la ciudad con motivo de la campaña propagandística denominada "XXV años de paz".

El 10 de julio de 1962 se presentó un nuevo Gobierno de España, del que entró a formar parte un joven Manuel Fraga Iribarne como ministro de Información y Turismo. Desde su Ministerio se puso en marcha una intensa campaña propagandística denominada *XXV años de paz*, que conmemoraba el cuarto de siglo que había pasado desde el fin de la Guerra Civil hasta 1964. Un cuarto de siglo en supuesta armonía y concordia entre los españoles, de progreso y de orden que había que agradecer a Franco y a su victoria en el conflicto bélico, olvidando a todos aquellos represaliados, exiliados o marginados socialmente por no seguir la línea de lo establecido por el régimen. Porque, cabe decir, que esta campaña estuvo fundamentalmente centrada en exaltar la figura del dictador[97]. En torno a esta conmemoración tuvieron lugar multitud de congresos, exposiciones, publicaciones, estrenos cinematográficos y, por supuesto, Vitoria no fue ajena a esta realidad.

Así, el dictador visitó la ciudad por cuarta vez el 29 de julio de 1964. Encontró una ciudad muy diferente a la que había visto

---

[97] Sobre el tema, Cfr. Mª Asunción Castro Díez, Julián Díaz Sánchez (coords.): *XXV años de paz franquista. Sociedad y cultura en España hacia 1964*, Madrid, Sílex, 2017. En clave cinematográfica, el ministerio encargó al director José Luis Sáenz de Heredia –que ya en 1942 había dirigido *Raza*, basada en un supuesto guion del propio Franco– la producción de un documental hagiográfico sobre la figura del dictador, *Franco, ese hombre*, que fue estrenado en 1964. Sobre la obra de este director, véase: José Luis Castro de Paz: *El destino se disculpa. El cine de José Luis Sáenz de Heredia*, Valencia, Generalitat Valenciana, 2011.

en 1953. Esto fue consecuencia de un gran proceso de industrialización que llevó a Vitoria a ser la ciudad que, proporcionalmente, más creció en toda Europa durante aquellas décadas. De los poco más de 52.000 habitantes a comienzos de la década anterior, había pasado en la de 1960 a casi 74.000. El *cerebro* de aquella operación había sido el alcalde Gonzalo Lacalle Leloup (1951-1957), cuya labor continuaron sus sucesores, sobre todo Luis Ibarra Landete (1957-1966)[98]. Hasta la posguerra habían sido varias empresas locales (Ajuria, Aranzábal, Fournier, Orbea y Sierras Alavesas, entre otras) las que habían mantenido la actividad industrial en Vitoria[99]. En la década de 1950 llegaron empresarios guipuzcoanos, cuya labor sería clave en la etapa de desarrollo económico de la ciudad, como Juan Arregui o Ignacio Emparanza.

Sin embargo, fue el plan de Lacalle de 1956 para la industrialización vitoriana –que tuvo su momento álgido en la década de los sesenta– el que permitió el cambio definitivo de la ciudad. Por ejemplo, en 1951 llegó a Vitoria Imosa, germen de la futura Daimler-Chrysler (actual Mercedes). Su asentamiento cambió totalmente la situación de la industria vitoriana. Fueron factores como el mantenimiento del Concierto económico o la buena disposición del empresariado alavés, así como la cesión a buen precio de terrenos por parte del Ayuntamiento los que animaron a los responsables de la empresa a ubicarse en el concejo de Ali, cercano a la ciudad. La fundación de Imosa en Vi-

---

[98] Cfr. González de Langarica, *La ciudad*; López de Maturana, *La reinvención*.

[99] Cfr. Antonio Rivera: *La ciudad levítica: continuidad y cambio en una ciudad del interior (Vitoria, 1876-1936)*, Vitoria-Gasteiz, Diputación Foral de Álava, 1992.

toria resultó un éxito que, además, atrajo a gran cantidad de empresas auxiliares dependientes de ella. Otra importante compañía emplazada en Vitoria durante aquella época fue la francesa SAFEN-Michelin (1966), ubicada en el polígono industrial de Gamarra-Arriaga. Se trataba de una empresa de fabricación de neumáticos, cuyo establecimiento coincidió con un impulso sin precedentes del proceso de industrialización y que abrió una década de enorme crecimiento hasta la muerte de Franco en 1975. Son solamente dos ejemplos de importantes industrias emplazadas en Vitoria durante aquella etapa de crecimiento imparable. Este crecimiento vino acompañado de la llegada de nueva población procedente de las zonas rurales de Álava, así como del resto del País Vasco y de otras regiones de España, que hicieron necesaria la creación de nuevos barrios y nuevas zonas de ocio[100].

De todo ello fue testigo el dictador ese 29 de julio de 1964. Radio Álava ya venía advirtiendo machaconamente sobre su presencia en la capital desde el día anterior:

> Un alegre ondear de gallardetes decora las principales calles de la ciudad, Vitoria se viste de sus mayores galas para recibir a Franco. De todos los confines de la Provincia se organizan alegres expediciones para ver a Franco, para aclamar a Franco, para vitorear a Franco. Para ofrecer al Caudillo la Paz victoriosa de los últimos veinticinco años, el saludo emocionado de Álava.
> Mañana es fiesta en Vitoria, fiesta jubilosa y esperanzada. Fiesta de fe en Franco, Fiesta grande y tras-

---

[100] González de Langarica, *La ciudad.*

cendental. Un alto en el camino laborioso de Álava, que con esfuerzo y tenacidad ha sabido aumentar su riqueza y bienestar, aprovechando la paz de Franco[101].

Efectivamente, ese miércoles de finales de julio fue declarado festivo por la Delegación Provincial de Trabajo, como podemos saber gracias a una nota remitida por esta a los micrófonos de Radio Álava:

> Se hace público para general conocimiento que por la Superioridad se ha acordado declarar festivo en toda la Provincia de Álava el próximo miércoles día 29, al objeto de que puedan asistir todos los empresarios y trabajadores a los actos que se celebrarán con motivo de la estancia de S. E. el Jefe del Estado en nuestra capital. Dicha festividad tendrá el carácter de no recuperable [...]
> [Solamente] el comercio de la alimentación [...] podrá permanecer abierto hasta las once y media de la mañana[102].

Sin embargo, los niños sí se verían obligados a acudir a las escuelas, para desde ahí asistir al recibimiento Franco, a pesar de encontrarse en pleno periodo estival, tal y como se deduce de otra nota enviada a la emisora por parte de la Inspección de Enseñanza Primaria:

---

[101] AA, Fondo Radio Álava, tomo 262 (28-VII-1964).
[102] *Ibíd.*

> Ante la dificultad de entrar en contacto directo con los escolares de Vitoria (…) por ser periodo de vacaciones, se les recuerda a los niños matriculados en los últimos cursos, que deben asistir mañana a las diez y media a sus respectivas escuelas, grupos escolares y colegios, donde sus maestros les entregarán las banderitas para acudir a recibir a S.E. el Jefe del Estado Español[103].

La ciudad amaneció engalanada, repleta de ornamentos propios para la ocasión, de manera que "en todos los escaparates y factorías aparecía la figura de Franco, lo mismo que en taxis y autobuses", según indicaba el delegado provincial de Información y Turismo –Enrique Chávarri Peñalver–, además de repetirse de manera insistente los mismos mensajes en la radio: "Franco, que ha hecho vivir a España 25 años de Paz, visita nuestra ciudad, en la que la tradicional cortesía de los alaveses se volcará con todo cariño y fe"[104]. También la prensa local desplegó todos los medios a su alcance para dar cobertura a la llegada del dictador, destacando la gran afluencia de personas procedentes de toda la provincia en un ambiente supuestamente alegre y festivo:

> La provincia entera se ha sumado al júbilo y alegría de su capital, Vitoria, en la recepción tributada al Caudillo de España […].

---

[103] *Ibíd.*

[104] Informe mensual del delegado provincial de Información y Turismo en Álava (julio de 1964). AGA. Ministerio de Información y Turismo. Servicio Delegaciones (03)49.03, caja 17912. AA, Fondo Radio Álava, tomo 262 (29-VII-1964).

> Desde primeras horas de la mañana se apreciaba movimiento de autobuses y de toda clase de vehículos que hacían su entrada en Vitoria, llevando a millares y millares de alaveses de todos los puntos de la provincia, hasta los más alejados extremos.
> Con ellos vienen bandas de música, grupos folklóricos, chistularis, gaiteros, etc.[105]

Franco, acompañado por su esposa, llegó a Vitoria hacia el mediodía, procedente de Burgos. Su primera parada la hizo en la catedral de Santa María –en pleno casco histórico– que acababa de ser restaurada con motivo del centenario de la Diócesis. El dictador se apeó del coche oficial y, tal y como se puede ver en el NO-DO, fue saludando a la entrada del templo a diversas personalidades del mundo político, social y empresarial alavés, mientras era escoltado por el gobernador civil José María Llaneza Zabaleta y el alcalde Luis Ibarra Landete[106]. Por

---

[105] *PA,* 29-VII-1964. Si bien el NO-DO es una buena fuente, que refleja la gran afluencia de gente a este tipo de actos –ante aquellos que, en pleno ataque presentista, propugnan que esas personas *iban obligadas* (muchas lo harían, como prueban las notas emitidas por los diversos organismos oficiales, pero otras no)–, también es cierto que los medios de comunicación tendían a la exageración. Así lo acreditan, por ejemplo, las anotaciones hechas al guion original en el Fondo de Radio Álava. En esta misma visita, un primer guion preestablecido, decía que "desde las 11.30 las calles adyacentes estaban llenas de *centenares* de personas deseosas de testimoniar su adhesión al Caudillo". Posteriormente se tachó "centenares" para cambiarlo por "millares". Este dato es más interesante, si cabe, teniendo en cuenta que este guion se redactó antes de la llegada del *Caudillo*. El subrayado en la cita es de la autora. AA, Fondo Radio Álava, tomo 262 (29-VII-1964).

[106] NO-DO 1126 B (3-VIII-1964). https://www.rtve.es/filmoteca/no-do/not-1126/1468756/. [Consultado el 6-IV-2023]. El vizcaíno José María Llaneza Zabaleta procedía de la Comunión Tradicionalista (CT) y había sido elegido presidente de la Sociedad Tradicionalista de Baracaldo en 1935. Fue vocal de

su parte, el obispo Francisco Peralta Ballabriga "pronunció un discurso en el que ofreció al Caudillo la medalla conmemorativa del centenario de la Diócesis, exaltando la bondad de su magistratura que ha hecho posible la restauración de la Catedral con el pleno apoyo del Gobierno y la Dirección General de Bellas Artes"[107].

Una vez terminada la ceremonia religiosa, se dirigieron hacia la Central Lechera, ubicada en el nuevo barrio de Zaramaga, que había acogido a buena parte de esos inmigrantes procedentes de otras regiones de España que habían llegado a la ciudad con el fin de mejorar sus condiciones de vida. El NO-DO refleja en detalle esa visita a las instalaciones de esta Central Lechera, en un intento de mostrar un país equiparable a otros del bloque capitalista. Lo mismo sucedió cuando en el barrio de Zaramaga hizo entrega de quinientas nuevas viviendas, de las que se destacó que "disponen de espacios verdes y parques infantiles, con arreglo a las exigencias de la higiene pública moderna". El noticiario propagandístico recalcaba, asimismo, la gran afluencia de gente que acudió a este acto en el

---

la Junta Carlista de Guerra de Vizcaya y ocupó durante veintiséis años la alcaldía esta localidad, donde "dirigió con mano dura la política local" y "sometió a la sociedad barakaldesa a una intensa campaña de reespañolización y recristianización, sazonada por apelaciones obreristas". Antonio F. Canales Serrano: *Las otras derechas. Derechas y poder local en el País Vasco y Cataluña en el siglo XX*, Madrid, Marcial Pons, 2006, p. 265. Respecto a esta caracterización, en su actuación como gobernador civil de Álava, Llaneza parecía haber sufrido una ligera evolución hacia una cierta *apertura*, de modo semejante a lo que sucedió con otros cuadros del franquismo. López de Maturana, *La reinvención*, pp. 250-306.

[107] AA, Fondo Radio Álava, tomo 262 (29-VII-1964). *PA*, 29-VII-1964. *La Nueva Catedral de Vitoria y el centenario de la Diócesis (1862-1962)*, Vitoria, s. n., 1962.

nuevo barrio vitoriano, portando un buen número de "cartelones y pancartas [que] son gritos de entusiasmo expresados gráficamente"[108]. Y es que, a pesar de tratar de equipararse con otros países occidentales, el franquismo no dejaba de ser una dictadura que necesitaba de este tipo de actos propagandísticos para hacer ver a la población su presunta fortaleza. Sobre todo, porque, con esta visita, el dictador se atribuía un mérito que no había sido suyo, sino del trabajo y el impulso de las distintas autoridades e instituciones locales, desde al Ayuntamiento y la Diputación a las Cajas Municipal y Provincial de Ahorros[109]. Sin embargo, el modelo de Vitoria era ideal para mostrar ante el mundo esa prosperidad que había logrado España, supuestamente gracias al liderazgo del *Caudillo*. Un mensaje muy en la línea de lo pretendido por esa gran campaña propagandística denominada *XXV años de paz*.

Más interesante, si cabe, fue la visita que la comitiva hizo al Parque Municipal Playa de Gamarra, la zona de ocio creada para el disfrute de los residentes de los nuevos barrios, surgidos paralelamente al proceso de industrialización. Y es que Gamarra se había convertido en todo un símbolo de la modernidad en Vitoria, donde llegaban a disfrutar de sus flamantes instalaciones incluso personas procedentes de las dos provincias costeras del País Vasco, como bien recuerdan muchos testigos de esa etapa.

Tal y como se puede ver en el NO-DO —así como en fotografías de la época—, Franco accedió con su séquito en el coche oficial, mientras numerosos vitorianos en traje de baño le salu-

---

[108] NO-DO 1126 B.
[109] González de Langarica, *La ciudad*.

daban o, simplemente, se veían sorprendidos por la entrada del jefe del Estado en su momento de descanso:

> A la llegada del Caudillo, la Banda Municipal interpretó el Himno Nacional, mientras se procedía a la suelta de 25 palomas que simbolizaban los 25 años de paz española bajo el mandato de Franco.
> El público que llenaba las piscinas y restantes instalaciones no cesó de vitorear al Caudillo a su paso por lo extenso de este complejo deportivo, uno de los mejores –si no el mejor– de España[110].

El *Caudillo*, además, descubrió una placa en la que se conmemoraba su visita con motivo de los *XXV años de paz*. Son muy significativos los mensajes lanzados en esta visita, tanto los simbólicos como los transmitidos por los diversos medios de comunicación. Ya no eran los mensajes de la década de 1940, en los que las referencias a la guerra y a la victoria eran continuas; ni siquiera los de la década de 1950, con las constantes alusiones al comunismo y a ese contexto internacional de Guerra Fría. Sino que se destacaba la supuesta paz vivida en ese último cuarto de siglo bajo el mandato de Franco, sin referencias al origen de esa paz, sino al progreso logrado en esos años. Un mensaje, desde luego, mucho más institucional y con menos carga *política* que en visitas anteriores. Esto demuestra la propia evolución del régimen, que solo trataba de sobrevivir adaptándose a los tiempos, y estaba claro que –para las nuevas generaciones de españoles– no tenía sentido el ya obsoleto discurso de la victoria en la guerra.

---

[110] *PA*, 29-VII-1964.

Desde Gamarra, la comitiva se dirigió hacia las instalaciones de la empresa Kas[111], donde se instaló la "Muestra Industrial de Álava" con motivo de los *XXV años de paz*. Allí se encontraban los directivos de la Cámara de Comercio e Industria de Álava, con su presidente, Cayetano Ezquerra, al frente.

En su discurso, Ezquerra presumió de la "capacidad industrial de nuestra provincia" e hizo notar al dictador el cambio producido en la ciudad en los últimos años, que atribuyó a las instituciones locales y provinciales, pero también a ese cuarto de siglo de supuesta paz traída al país por la dirección de Franco:

> Habrá comprobado V. E. la transformación de la ciudad, pues campo y huertas de antaño, están ocupados por las nuevas plantas de nuestras fábricas.
>
> El desarrollo industrial de Álava es una realidad y sigue su marcha hacia metas de indudable interés para contribuir a la política de desarrollo económico y social de nuestra Patria. [...]
>
> Pero ello tiene un obligado antecedente, sin el cual nada hubiera sido posible; es la premisa de nuestra Paz Española, de la que V. E. es el auténtico forjador y mantenedor[112].

---

[111] "El origen remoto de la marca de refrescos Kas puede rastrearse en el último tercio del siglo XIX, cuando Román Knörr Streiff abandonó Alemania para establecerse en Vitoria, donde fundó una fábrica de cervezas. Una de las ramas de la familia comenzó a producir en 1926 las gaseosas El As. En 1955, añadiendo a este nombre la K de Knörr, se registró la marca comercial Kas, que pronto empezó a distribuir el primer refresco español de naranja con gas". De Pablo y López de Maturana, *Álava*, p. 274.

[112] *PA*, 29-VII-1964.

A continuación, Ezquerra ofreció a Franco la Primera Medalla de Oro de la Cámara de Comercio e Industria de Álava, "como testimonio de nuestra inquebrantable adhesión"[113].

Hacia las dos y cuarto de la tarde la comitiva, con Franco y su esposa a la cabeza, ya estaba en la plaza de la Provincia. La escena fue "inenarrable", según la prensa local, que destacó la gran cantidad de público, que portaba "pancartas con saludos alusivos a Franco, a la Paz española, del Mundo del Trabajo, de los agricultores de las diversas zonas de Álava". El dictador subió la escalera central del palacio de la Diputación "entre aclamaciones y vítores", a la vez que sonaba el himno nacional. Después, la banda provincial de chistularis y clarineros interpretó el *Agur Jaunak*. En el interior del edificio le esperaban las autoridades.

En primer lugar, habló el presidente de la Diputación, Manuel Aranegui Coll. Su discurso dejó patente su conocimiento e interés por la cultura local, destacando que Álava "conserva vivas sus tradiciones que, puestas al día, han hecho posible el progreso social e industrial que habéis podido observar esta mañana", dijo dirigiéndose directamente al *Caudillo*. "El resultado es un nivel medio de vida que está entre los más altos de las provincias españolas". A juicio de Aranegui, era ese "amor a la tradición" lo que impregnaba a la provincia de una "fuerte personalidad y una capacidad de asimilación de las gentes de desde otras regiones vienen a trabajar"[114]. Dichas tradiciones, decía el presidente de la Dipu-

---

[113] *Ibíd.* La Cámara de Comercio de Álava entrega en la actualidad la denominada "Medalla al Embajador de Álava", que ha sido concedida a Juan Luis Arregui (Gamesa), el traumatólogo Mikel Sánchez o el empresario deportivo Josean Querejeta, entre otros.

[114] Aranegui era un hombre muy diferente a su predecesor, Lorenzo de Cura. Procedente de una familia de industriales vitorianos, era una persona culta, presidente

tación, se mantienen en Álava, gracias a las antiguas instituciones que "conservan aquí su carácter y, aunque conmemorativas, seguimos celebrando las antiguas y tradicionales Juntas Generales en mayo en un lugar de la provincia y en noviembre en el Salón de Juntas Generales de esta Diputación". Aranegui hacía referencia a la restauración en 1958, aunque con un carácter folclórico y meramente conmemorativo, de las Juntas Generales de Álava, el órgano legislativo tradicional de cada uno de los territorios vascos, desaparecidas en el siglo XIX tras la abolición foral[115].

Además de su amor a las tradiciones, Aranegui destacaba otra característica de la provincia de Álava, que no era otra que su "proyección exterior". Buen conocedor de la historia local –tal y como demostró en su discurso–, hizo referencia al Canciller Ayala, a las familias de los Mendoza y los Guevara o a los diversos misioneros "de relieve" que marcharon a América y allí establecieron estrechos lazos entre España y el Nuevo Continente[116]. Esas dos características –respeto a las tradiciones y

---

de la Real Sociedad Bascongada de los Amigos del País (RSBAP) y vasquista convencido; era partidario de fomentar la cultura *euskaldun*, dentro de los márgenes de la dictadura, si bien De Cura –como buen carlista– también fue proclive a la recuperación del euskera, tal como señaló en diversas publicaciones periódicas.
[115] La primera de estas Juntas conmemorativas se celebró en Respaldiza y estuvieron presentes diversas autoridades, incluidos el gobernador civil y el militar. Cfr. De Pablo y López de Maturana, *Álava*, pp. 93-95. Alberto Suárez Alba (coord.): *Juntas Generales de Álava, pasado y presente*, Vitoria-Gasteiz, Juntas Generales de Álava, 2000 (4ª ed.). El académico de la lengua vasca Henrike Knörr recordaba que Aranegui, en la conmemoración de las Juntas Generales por Tierras Esparsas (celebrada en Aramayona) recuperó la tradición de bailar el *aurresku* y, además, pronunció su discurso en euskera, ante el asombro del alcalde Ibarra, que se fue del acto por su sesgo vasquista. *El Correo*, 13-II-2008: "Algo más que protocolo". López de Maturana, *La reinvención*, pp. 226-227.
[116] Pedro López de Ayala (¿1332?-1407), el Canciller Ayala, ha sido uno de los personajes más importantes en la historia alavesa. Fue alcalde de Vi-

proyección exterior– daban como resultado, según Aranegui, "un gran patriotismo" que "hace que los alaveses hayan acudido voluntariamente a la defensa de la Patria o de los principios

---

toria y de Toledo, miembro del Consejo Real y embajador del Reino de Castilla en Francia durante el reinado de Enrique II de Trastámara. Instauró el título de Príncipe de Asturias para los herederos de Castilla y León y fue nombrado Canciller mayor del reino por Enrique III en 1398. Además de guerrero, político y diplomático, Ayala tiene una amplia obra literaria, entre las que destaca *Rimado de Palacio*, además de sus crónicas de los reyes de Castilla y diversas traducciones al castellano de autores como Tito Livio o Giovanni Boccaccio. Félix López, Itziar Aguinagalde y Aintzane Erkizia: *Exposición Canciller Ayala*, Vitoria-Gasteiz, Diputación Foral de Álava, 2007. Por su parte, los Mendoza y los Guevara fueron dos de las familias más importantes en el territorio alavés en la Edad Media y el Renacimiento, protagonistas de la lucha de bandos. Sus vidas se desarrollaron generalmente fuera de la provincia, al ocupar altos cargos en la Corona de Castilla. Cfr. José Ramón Díaz de Durana: *Álava en la Baja Edad Media. Crisis, recuperación y transformaciones socioeconómicas (1250-1525)*, Vitoria-Gasteiz, Diputación Foral de Álava, 1986. En lo que respecta a los misioneros, Aranegui hace referencia a personajes como Fermín Lasúen. Este nació en Vitoria el 7 de julio de 1736 y recibió formación religiosa en el convento de San Francisco de esta ciudad, profesando en 1752. Más tarde, estudió Filosofía y Teología con los franciscanos de Arantzazu. Estando allí supo de la noticia de que sus superiores requerían voluntarios para marchar a América, de modo que partió en 1759 junto con otros diecisiete religiosos. Tras recibir formación como misionero y ser ordenado sacerdote en el colegio de San Fernando (Ciudad de México), a partir de 1762 trabajó en varias misiones de la Baja California. No fue hasta 1773 cuando pisó por vez primera la Alta California, junto con otros siete frailes, dos de ellos los alaveses José de Murguía y Juan Prestamero: su primer destino fue la misión de San Gabriel y, más tarde, fundó la de San Juan Capistrano (1775). Desde entonces, Lasuén trabajó en diversas misiones de la Alta California. Tras su muerte en 1784, fray Junípero Serra le nombró sucesor, esto es, padre presidente. Cfr. Lázaro Lamadrid Jiménez, *El alavés fray Fermín Francisco de Lasuén O.F.M. (1736-1803). Fundador de misiones en California*, Vitoria, Diputación Foral de Álava, 1963. Asun Garikano, *Kaliforniakoak (1533-1848). Euskaldunen lanak Kaliforniaren esplorazio eta kolonizazio garaian*, Pamplona, Pamiela, 2013.

fundamentales, cuando a través de la Historia han estado en peligro", en una indirecta referencia a la sublevación militar de 1936[117].

En un discurso más escueto, el gobernador civil agradeció su visita al dictador y, sin hacer tampoco referencias directas a la guerra, le manifestó cómo sacó a Álava y al país entero "del caos en el año 1936" y, gracias a su posterior liderazgo, se produjo "primero la reconstrucción de la Patria y después el progreso ascendente de la misma bajo sus 25 años de paz". Buen reflejo de ello era, según Llaneza, el progreso que se había tenido lugar en Álava en aquel cuarto de siglo.

Más beligerante fue el discurso del dictador, con continuas alusiones a la participación de Vitoria en la guerra. Pero también tuvo su parte más pragmática, al referirse al desarrollo del que había sido protagonista la capital alavesa en los últimos años, como había podido ver ese mismo día. Hizo mención, asimismo, a la necesidad de mantener buena relación con Europa, tras el fracaso en 1962 de integración en la Comunidad Económica Europea (CEE), pero sabedor de que España no podía permitirse el lujo de permanecer aislada, y menos en la coyuntura internacional del momento[118].

Después de la celebración todos los actos, las autoridades acompañaron al dictador en su almuerzo. El elenco de invitados –que se muestran en la Tabla 1, así como en las Imágenes 7 y 8– es un buen reflejo de los poderes locales de la provincia en ese

---

[117] *PA*, 29-VII-1964. Sobre el voluntariado alavés en la Guerra Civil, Cfr. Ruiz Llano, *Álava*.

[118] Sobre el tema, véase: María Elena Cavallaro: *Los orígenes de la integración de España en Europa. Desde el franquismo hasta los años de la Transición*, Madrid, Silonia, 2012.

momento. Asimismo, la documentación muestra cómo se cuidaba el protocolo hasta el más mínimo detalle. Tras el almuerzo, el coro Manuel Iradier –dirigido por Emilio Ipinza– dedicó "a S.E. el Jefe del Estado y Señora con motivo de su visita a Vitoria" una audición de "Música popular regional española", en la que se interpretaron melodías vascas, pero también gallegas, asturianas y castellanas. Así, en la selección figuraron, por ejemplo, *Negra sombra* (una balada gallega de Juan Montes), la canción asturiana de Baldomero Fernández *Cae la nieve*, la *Canción del Romeral* de Gregorio Solabarrieta, *Ume Eder Bat* (en su versión de Juan Manuel Michelena y Dimas Sotés) y, a modo de despedida, como solía ser habitual, el *Agur Jaunak*. El repertorio se trataba de un claro homenaje a la inmigración llegada a Álava en ese proceso de industrialización.

Al finalizar el ágape, el dictador –junto con todo su séquito– se trasladó a la estación de tren para inaugurar el nuevo modelo de Talgo, en presencia del obispo y de los hermanos Oriol Urquijo (dueños de la empresa ferroviaria), que habían estado presentes en todos los actos[119]. Montado en uno de los vagones, Franco marchó rumbo a San Sebastián[120].

Pasada la tensión por los preparativos, diversas autoridades aprovecharon la oportunidad para destacar el *éxito* de una jornada que no dejaba de ser un acto propagandístico para la dic-

---

[119] "Patentes Talgo fue creada en 1942 para llevar a la práctica el original sistema ferroviario ideado por el ingeniero vizcaíno Alejandro Goicoechea. De hecho, TALGO son las siglas de Tren Articulado Ligero Goicoechea Oriol. Este último puso el capital, mientras que Goicoechea inventó un sistema de rodadura novedoso, que permitió fabricar trenes con una composición articulada de vagones cortos, de aluminio y más bajos que los habituales". De Pablo y López de Maturana: *Álava*, p. 267.

[120] *PA*, 29-VII-1964.

tadura. Así, por un lado, el delegado provincial de Información y Turismo señaló que "la jornada vivida por los habitantes de la capital a los que acompañaron miles de alaveses venidos de toda la provincia con sus pancartas, bandas de música y grupos folclóricos, constituyó una fecha histórica. No se esperaba en Vitoria, dado el carácter de sus habitantes, un recibimiento como el dispensado al Jefe del Estado, lo que ha sido muy comentado en todos los sectores de opinión"[121]. Por otra parte, el gobernador civil, Llaneza, no dudó en mostrar su agradecimiento al personal de la Casa Civil del dictador —ya en su residencia donostiarra de Ayete— por su ayuda en la organización de toda la visita[122]:

> Mi querido amigo:
> Caliente todavía el fervor patriótico del pueblo ala-
> vés, demostrado a Su Excelencia el Jefe del Estado
> en su visita a esta capital, donde ha quedado grabado

---

[121] Informe del delegado provincial de Información y Turismo en Álava. AGA. Ministerio de Información y Turismo. Servicio Delegaciones (03)49.03, caja 17921. Este informe contrasta, por ejemplo, con un artículo publicado en 1947 por la revista *Alderdi*, órgano del Partido Nacionalista Vasco en el exilio. En él destacaba lo molesta que era la presencia del dictador en el día a día de San Sebastián, criticando —fundamentalmente— a las juventudes falangistas que desfilaban continuamente por la ciudad aprovechando la presencia del jefe del Estado. Asimismo, su autor destacaba que "la estancia del 'Caudillo' en la capital donostiarra se ha destacado fundamentalmente por la manifiesta frialdad popular ante la presencia de tan 'distinguido huésped'". *Alderdi*, septiembre de 1947, nº 6, pp. 10-11. La ingente documentación custodiada en el Archivo General de Palacio en relación con las visitas del dictador a la capital guipuzcoana demuestra más bien lo contrario.
[122] Carta del gobernador civil de Álava, José María Llaneza, a Fernando Fuertes de Villavicencio, segundo jefe de la Casa Civil de Franco (30-VII-1964). AGP, CASA CIVIL DE FRANCO_LEGAJO 2706 (1).

con caracteres indelebles en tres de sus más características instituciones tan memorable acontecimiento, y en todos nuestros corazones, me es muy grato expresarte mi agradecimiento personal y el de toda la provincia, por tu magnífica intervención y ayuda en todos los momentos en que tuvimos que recurrir a ti.

El jefe de la Casa Civil respondió desde San Sebastián con el mismo entusiasmo: "puedes suponer con cuánto gusto colaboré con vosotros para la mayor brillantez de los actos celebrados en esa, con motivo de la reciente visita de Sus Excelencias"[123]. La visita había sido –según las autoridades– un triunfo en su organización y, sobre todo, un gran *escaparate* para un dictador que –junto con su séquito– lució su más amplia parafernalia en la capital alavesa.

---

[123] Carta de Fuertes de Villavicencio a Llaneza (5-VIII-1964). AGP, CASA CIVIL DE FRANCO_LEGAJO 2706 (1).

Invitado/a	Cargo
José María Llaneza Zabaleta	Gobernador civil de Álava
Mercedes Llaneza de Alesance	Hija del gobernador civil de Álava
Manuel Chamorro Martínez	Gobernador militar de Álava
Josefina Romero de Chamorro	Esposa del gobernador militar de Álava
Francisco Peralta Ballabriga	Obispo de la diócesis de Vitoria
José María Cirarda Lechiondo	Obispo auxiliar de Sevilla
Luis Ibarra Landete	Alcalde de Vitoria
Pilar Aranda de Ibarra	Esposa del alcalde de Vitoria
Manuel Aranegui Coll	Presidente de la Diputación Foral de Álava (DFA)
Mercedes de Celis de Aranegui	Esposa del presidente de la DFA
Ignacio Ruiz de Gauna Ochoa de Eguileor	Vicepresidente de la DFA
José María Viana Irimo	Diputado provincial
Elías Aguirrezábal Martínez de Aguirre	Diputado provincial
Ángel Abásolo Menoyo	Diputado provincial
Julio Martínez de Bujanda	Diputado provincial
José Luis Armentia Zapata	Diputado provincial
Antonio Martínez de Albéniz	Diputado provincial
Amado Corcuera Montoya	Diputado provincial
Miguel Ubillos Múgica	Diputado provincial
Ramiro Gómez-Casas	Secretario en funciones de la DFA
José Ojea González	Magistrado. En funciones de presidente de la Audiencia Provincial de Álava
Mercedes Alvarelles de Ojea	Esposa del presidente de la Audiencia Provincial (en funciones)
Alfonso Arroyo	Fiscal de la Audiencia Provincial de Álava
José María Aresti Elorza	Consejero nacional
José María Urquijo Gardeazábal	Procurador en Cortes
Juan Manuel Nieto Rodríguez	Delegado de Hacienda en Álava

Julián Arístegui	
Juana Bengoa de Arístegui	Esposa del anterior
Jesús Durana Ugartondo	Coronel jefe de Miñones
Camilo Alonso Vega	Ministro de Gobernación
Jorge Vigón Suero-Díaz	Ministro de Obras Públicas
Lucía Muro de Vigón	Esposa del ministro de Obras Públicas
Pascual Lorenzo Ochando	Director general de Transportes
Sra. de Lorenzo Ochando	Esposa del anterior
Gratiniano Nieto Gallo	Director general de Bellas Artes
Joaquín Ansaldo Bejarano	Jefe del Sector Aéreo de las Vascongadas
Francisco Vives Camino	General jefe de la Región Aérea Pirenaica
Manuel Mercide Odriozola	Capitán general de la VI Región
Coronel Augusto Díez Cordobés	Ayudante del capitán general de la VI Región
José Antonio Elola-Olaso	Delegado Nacional de Deportes
Luis Coronel de Palma	Procurador en Cortes
José María Oriol Urquijo	Empresario
Lucas María Oriol Urquijo	Empresario
Mª del Carmen López Montenegro García-Pelayo	Esposa del anterior
Antonio Oriol Urquijo	Director general de Beneficencia
Esteban Bilbao Eguía	Presidente de las Cortes
Antonio Galán	General de la Guardia Civil
Alfonso Abella García de Eulate	Subjefe provincial del Movimiento en Álava
Antonio Caudevilla Martínez	Delegado provincial de Sindicatos
Emilio Castrillón	Delegado provincial de Vivienda
Enrique Chávarri Peñalver	Delegado provincial de Información y Turismo

José Antonio Serrano De Pablo	Delegado provincial de Trabajo
La esposa del anterior	
Luis Tapia Negrés	Delegado provincial de Industria
Excma. Sra. de Samaniego	
Francisco Polo Jover	Director general de Ganadería
Salvador Serrate	
Teniente General Jefe de la Casa Militar	
Jefe de la Casa Civil	
Ayudante de Campo de S.E.	
Ayudante de Campo de S.E.	
Segundo Jefe de la Casa Militar	
Segundo Jefe Intendente General de la Casa Civil	
Médico de S.E.	

Tabla 1. Relación de personas invitadas al almuerzo del 29-VII-1964. *Fuente:* AGP, CASA CIVIL DE FRANCO_LEGAJO 2706 (1).

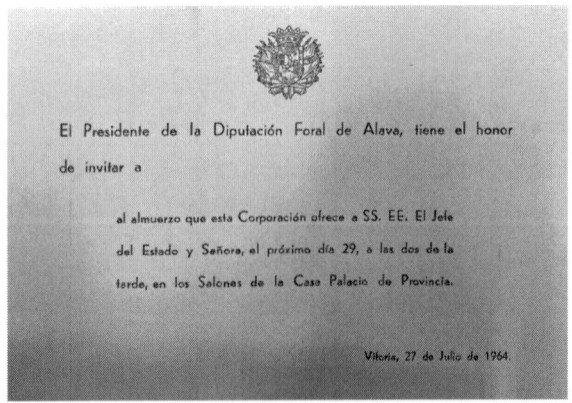

Imagen 5. Tarjeta que el presidente de la Diputación Foral de Álava (Manuel Aranegui) dirigió a los invitados al almuerzo con Franco y su esposa (27-VII-1964). Fuente: Archivo General de Palacio. CASA CIVIL DE FRANCO_LEGAJO 2706 (1).

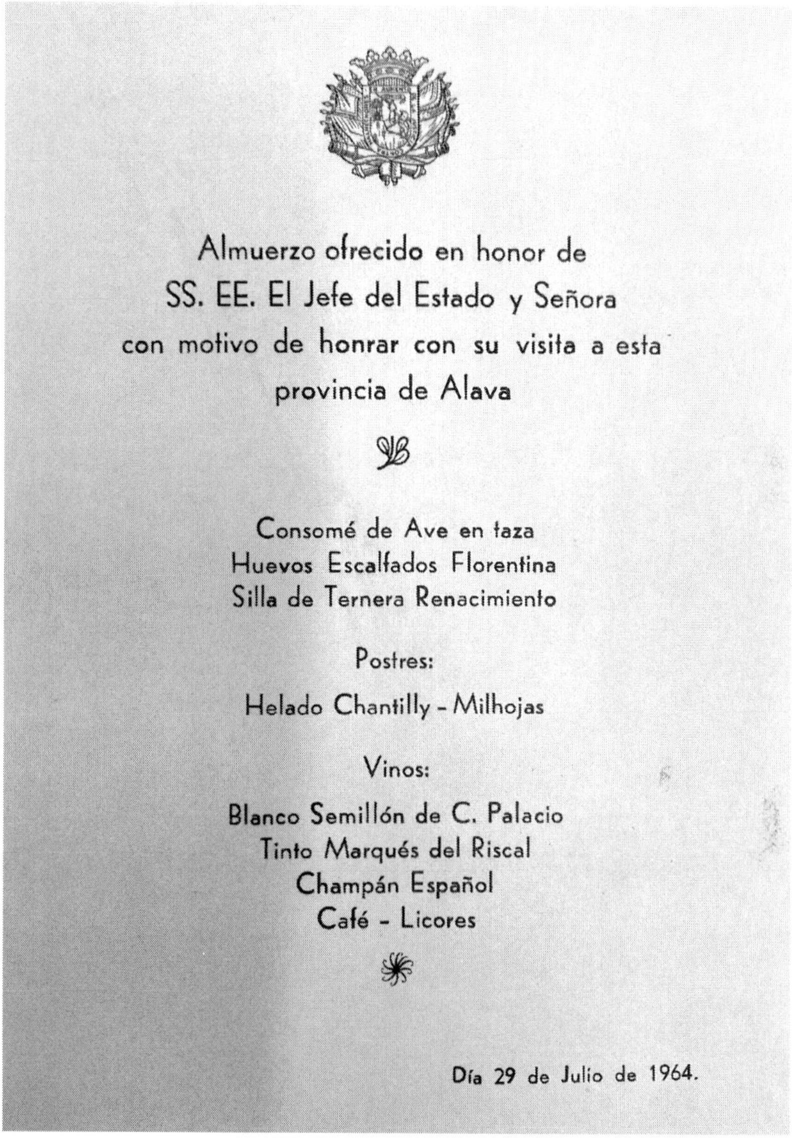

Almuerzo ofrecido en honor de
SS. EE. El Jefe del Estado y Señora
con motivo de honrar con su visita a esta
provincia de Alava

Consomé de Ave en taza
Huevos Escalfados Florentina
Silla de Ternera Renacimiento

Postres:
Helado Chantilly - Milhojas

Vinos:
Blanco Semillón de C. Palacio
Tinto Marqués del Riscal
Champán Español
Café - Licores

Día 29 de Julio de 1964.

Imagen 6. Tarjeta con el menú del almuerzo ofrecido al matrimonio Franco-Polo en su visita a Vitoria el 27-VII-1964. Fuente: Archivo General de Palacio. CASA CIVIL DE FRANCO_LEGAJO 2706 (1).

ALMUERZO OFRECIDO A SS.EE. POR LA DIPUTACION FORAL DE ALAVA

Vitoria, 29 de Julio de 1.964

Delegado de Infción. Turismo

Ayudante de Campo de S.E.	Médico de S.E. y de la Casa Civil
Delegado de Trabajo	Sr. Arístegui
Vice-Almte. 2º Jefe C.Mtar.	Delegado de Hacienda
Dtor.Gral. Beneficencia	General Gobernador Militar
Hija Gobernador Civil	Obispo de Vitoria
Alcalde de Vitoria	Sra. del Delegado de Trabajo
Sra. de Arístegui.	Tte. Gral. Jefe Casa Militar.
Tet.Gral. Jefe Región Aerea.	Sra. Gral.Gobernador Militar.
Sra. del Alcalde	Ministro de Obras Públicas
Presidente de las Cortes	Sra. del Presidente de la Diputación
S.E. LA SEÑORA	S.E. EL JEFE DEL ESTADO
Presidente de la Diputación	Sra. del Ministro de Obras Públicas.
Sra. Tte. Gral.Jefe C. Mtar.	Ministro de la Gobernación
Capitán Gral. VI Región	Sra. Presidente Audiencia.
Sra. Dtor. Gral. Transportes	Jefe de la Casa Civil de S.E.
Gobernador Civil	Sra. de Oriol.
Presidente de la Audiencia	Obispo Auxiliar de Sevilla.
Dtor.Gral Bellas Artes.	Fiscal de la Audiencia
D. José María de Oriol	Delegado Nacional de Deportes
Dtor. Gral. Transportes	Segundo Jefe e Intdte. Gral.C. Civil
Dtor. Gral. Ganadería	Ayudante de Campo de S.E.

Delegado de la Vivienda.

ENTRADA

98

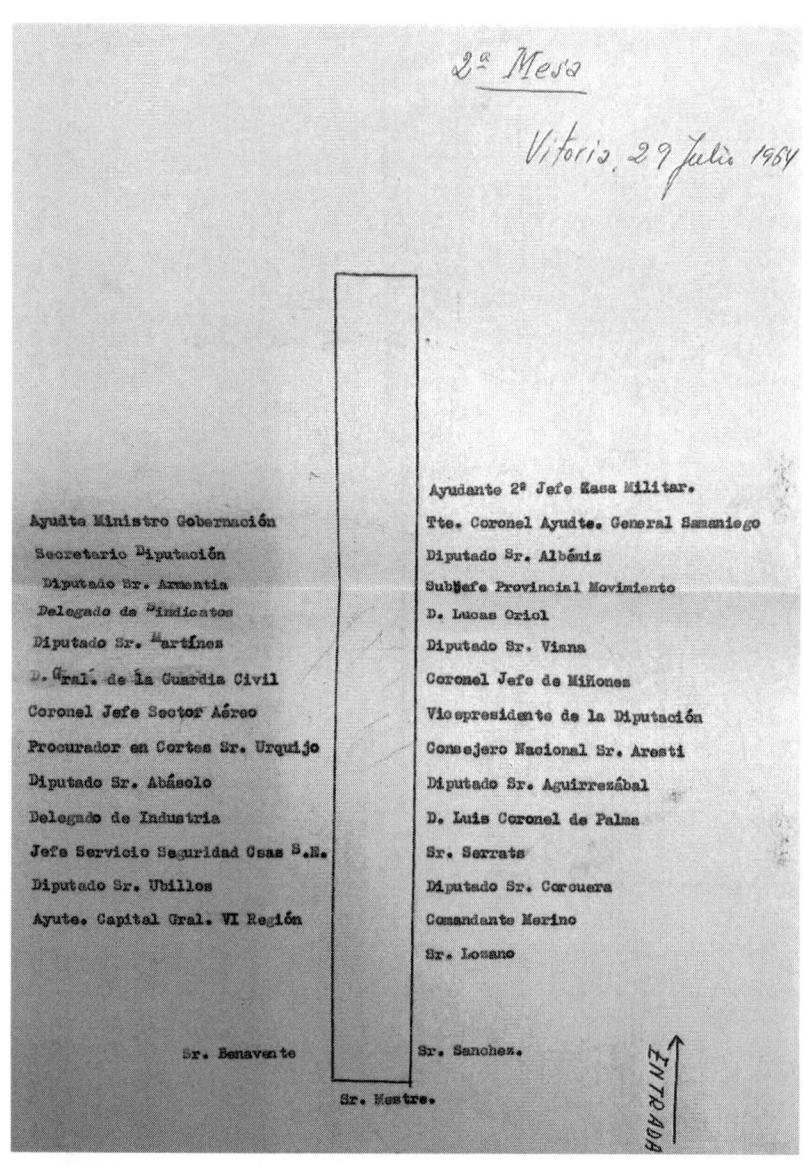

2ª Mesa

Vitoria, 29 Julio 1964

Ayudante 2º Jefe Kasa Militar.

Tte. Coronel Ayudte. General Samaniego

Diputado Sr. Albéniz

SubJefe Provincial Movimiento

D. Lucas Oriol

Diputado Sr. Viana

Coronel Jefe de Miñones

Vicepresidente de la Diputación

Consejero Nacional Sr. Aresti

Diputado Sr. Aguirrezábal

D. Luis Coronel de Palma

Sr. Serrats

Diputado Sr. Corcuera

Comandante Merino

Sr. Lozano

Ayudte Ministro Gobernación

Secretario Diputación

Diputado Sr. Armentia

Delegado de Sindicatos

Diputado Sr. Martínez

D. Gral. de la Guardia Civil

Coronel Jefe Sector Aéreo

Procurador en Cortes Sr. Urquijo

Diputado Sr. Abásolo

Delegado de Industria

Jefe Servicio Seguridad Csas S.E.

Diputado Sr. Ubillos

Ayudte. Capital Gral. VI Región

Sr. Benavente   Sr. Sanchez.

Sr. Mestre.

ENTRADA

Imágenes 7 y 8. Disposición de las mesas para el almuerzo ofrecido a Franco y Carmen Polo en su visita a Vitoria el 29-VII-1964. Fuente: Archivo General de Palacio. CASA CIVIL DE FRANCO_LEGAJO 2706 (1).

5. La quinta y última visita (1969)

La consagración de la catedral nueva en la era posconciliar

NE, 24-IX-1969. Franco visita Vitoria para presenciar la consagración de la catedral nueva.

La última visita de Franco a la ciudad tuvo lugar el 24 de septiembre de 1969, con motivo de la consagración de la catedral de María Inmaculada o catedral nueva. Como se ha indicado anteriormente, el obispo Cadena y Eleta había iniciado en 1907 la construcción de una nueva catedral, aunque las obras se paralizaron siete años más tarde ante las dificultades económicas. Solo pudieron reanudarse en 1946, siendo obispo Carmelo Ballester Nieto, aunque el templo fue finalmente consagrado durante el mandato de Francisco Peralta Ballabriga[124].

En Vitoria, la preparación de la inauguración del templo comenzó unos días antes, el 21 de septiembre, con la veneración de las reliquias de varios santos (San Prudencio, San Ignacio de Loyola, Santa María Goretti, Santa Joaquina Vedruna, etc.) en la iglesia de las Carmelitas de la Caridad. Dos días más tarde arribó a Vitoria el cardenal Angelo Dell'Acqua, vicario general de Roma, que fue recibido en Armentia por las autoridades y por la banda de chistularis de la Diputación, que interpretaron el *Agur Jaunak* para darle la bienvenida.

De cara a la estancia del dictador a la ciudad, las diversas autoridades se dirigieron a los alaveses. El gobernador civil, Miguel Ángel Alonso Samaniego, se refirió a la consagración de la catedral como una jornada "de júbilo", no solo por el propio acto en

---

[124] Cfr. De Pablo, Goñi y López de Maturana: *La Diócesis*. Alberto González de Langarica: *La Nueva Catedral de Vitoria*, Vitoria-Gasteiz, Diputación Foral de Álava, 2007.

sí –tras tantos años de espera–, sino también por la visita de Franco, el "Caudillo de España que acaba de ofrecernos la culminación de estos 30 años de paz". Era un buen momento para mostrar "nuestro agradecimiento por tanto esfuerzo puesto al servicio de la Patria y de nuestra provincia en particular", según el gobernador. El presidente de la Diputación, Jesús Abreu, declaró sentirse orgulloso de la visita del dictador, recalcando la particularidad foral de Álava. Abreu expresó que "la alegría que ello a todos nos produce, no puede ir desligada de un recuerdo de perenne gratitud a quien, tan cumplidamente, ha demostrado, y demuestra, un entrañable cariño a nuestras instituciones y al régimen peculiar de esta tierra foral alavesa, rincón querido de nuestra Patria. España". Abreu recordaba con su escrito que la dictadura de Franco había permitido el mantenimiento del Concierto económico, como consecuencia del apoyo de Álava al bando sublevado en la Guerra Civil. Una nueva referencia bélica –aún en 1969–, la única legitimadora del régimen instaurado en España. Por su parte, el alcalde Manuel María Lejarreta llamó a los vitorianos a mostrar su "lealtad y afecto" a Franco en esa jornada y les animó a engalanar los balcones de la ciudad, con el fin de realizar un digno recibimiento al jefe del Estado[125]. También Radio Álava leyó el día 23 notas de las diversas autoridades animando a los vitorianos y alaveses a participar de la jornada[126].

La documentación de la Casa Civil de Franco nos indica cómo se preparó todo el viaje, así como lo medido del protocolo en torno al dictador, que se trasladaba desde San Sebastián con su esposa, terminando así sus vacaciones de verano. Estaba pre-

---

[125] *Norte Exprés* (*NE*), 23-IX-1969.
[126] AA, Fondo Radio Álava, tomo 386. (23-IX-1969).

vista su llegada para las 11.30 y, efectivamente, Franco y Carmen Polo llegaron a la capital antes del mediodía[127].

Una vez más, los diversos medios de comunicación desplegaron su cobertura ante la visita. El dictador arribó junto con la comitiva, que recorrió las principales calles de la capital antes de llegar a la plaza de la Provincia, donde le recibieron las autoridades locales y provinciales. Radio Álava transmitía en directo que "a lo largo del trayecto, Franco está siendo objeto del más entusiasta recibimiento por parte de alaveses y vitorianos; entusiasmo que es apoteosis ya en la abarrotada Plaza de la Provincia, donde va a desarrollarse el acto oficial de recibimiento y homenaje al Generalísimo"[128]. También el NO-DO reflejaba en sus imágenes la nutrida presencia de alaveses y vitorianos en la bienvenida al dictador. Así, informaba el locutor: "Un inmenso gentío se agolpa en las calles de Vitoria en acto de reconocimiento al jefe del Estado, generalísimo Franco, que se ha trasladado a Vitoria para presidir la inauguración de la nueva catedral"[129].

Franco, ataviado con uniforme de capitán general, fue recibido por el teniente general Manuel Cabanas Vallés al bajar del coche oficial. Junto a él, pasó revista a las tropas que le rindieron honores, mientras un coro interpretaba el *Agur Jaunak* a la vez que subía por la escalera, "como salutación popular al Caudillo"[130]. Posteriormente, Franco saludó a los ministros y a las autoridades provinciales, así como a los gobernadores civiles de Guipúzcoa, Valencia (el navarro Antonio Rueda, exgobernador de Álava),

---

[127] AGP, CASA CIVIL DE FRANCO_LEGAJO 3330.
[128] AA, Fondo Radio Álava, tomo 386. (24-IX-1969).
[129] NO-DO 1395 B (29-IX-1969). https://www.rtve.es/filmoteca/no-do/not-1395/1483064/ [Consultado el 7-IV-2023].
[130] AGP, CASA CIVIL DE FRANCO_LEGAJO 3330. *NE*, 24-IX-1969.

Guadalajara (el exalcalde de Vitoria Luis Ibarra Landete) y Jaén (que era otro alavés, José Ruiz de Gordoa), que habían acudido al acto. El jefe del Estado salió al balcón del palacio de la Diputación "para corresponder a las demostraciones de adhesión" de los alaveses que acudieron a verle. A continuación, intervino el gobernador civil de Álava, que, en una muestra de sumisión, ofreció a Franco las obras de la catedral, porque "sin estos treinta años de paz que el Régimen, bajo vuestro mandato, nos ha ofrecido, no hubiese sido posible culminar obras en España (…). Por ello, Señor, por estos treinta años de paz, los alaveses os mostramos nuestro reconocimiento y os ofrecemos estas obras como el mejor símbolo de su trabajo y su esfuerzo"[131]. Por último, el *Caudillo* se dirigió a los presentes desde el balcón de la Diputación:

> Alaveses: Solamente dos palabras para agradeceros vuestro entusiasmo y vuestra adhesión. No tengo palabras para expresaros mi reconocimiento por la colaboración firme que habéis venido prestándonos durante estos años y de la cual el resultado es vuestra población, aumentada casi al doble, la transformación industrial que está experimentando Álava y, al mismo tiempo, la nueva Catedral, que es un símbolo de los tiempos modernos con que se ha realizado el empeño de tantos vitorianos de crear una Catedral hermosa y digna de este pueblo. Gracias a todos y un abrazo para todos. ¡¡Arriba España!![132]

Se trataba de una intervención mucho más escueta que las realizadas en anteriores ocasiones, posiblemente debido a la avan-

---

[131] *NE*, 24-IX-1969. *BMV*, segundo semestre de 1969, pp. 5-21.
[132] *NE*, 24-IX-1969.

zada edad de un dictador ya cansado –como se observa en el NO-DO[133]–, que ya contaba entonces setenta y siete años. Sin mencionarlo expresamente, Franco hacía referencia, treinta años después del fin de la Guerra Civil, a la colaboración de los alaveses en apoyo del bando sublevado. Es decir, a pesar del paso del tiempo, el régimen seguía siendo consecuencia de la victoria de 1939. No obstante, esta justificación iba ya ligada a una nueva, que no era otra que el desarrollo económico y social de España, especialmente presente en una ciudad como Vitoria, totalmente transformada en las dos últimas décadas. Así, aunque se sobreentendiese, no hubo ya mención expresa alguna a la guerra, ni a los voluntarios alaveses, ni al mundo rural tradicional; y sí al crecimiento de la ciudad, a la industria y a la modernidad. Una ciudad diferente a la de la guerra y el primer franquismo que, un año antes, había sido testigo del funeral de Mateo Múgica en la catedral vieja. El antiguo obispo de Vitoria, había fallecido en Zarauz (Guipúzcoa) el 27 de octubre de 1968 a los 98 años de edad. Una vez finalizado el funeral, Múgica fue enterrado en el panteón de obispos de la catedral de Santa María. Este hecho, más allá de que era su deseo personal, era un mentís a cualquier intento de borrar su memoria del conjunto de los prelados de la Diócesis. Y es que, Mateo Múgica había sido expulsado de España en el otoño de 1936, por orden de la Junta de Defensa Nacional. Acusado por los militares sublevados de connivencia con el nacionalismo vasco, había sido uno de los grandes *enemigos* del régimen franquista. Y, sin embargo, en 1968, se celebró su funeral al que asistieron las primeras autoridades. Una muestra más de que la situación había cambiado con respecto a la época en que Múgica había sido obligado a abandonar su Diócesis por un ré-

---

[133] NO-DO 1395 B.

gimen autocalificado de católico[134]. Múgica, represaliado por el franquismo y símbolo para el PNV de la Iglesia vasca perseguida por la dictadura, recibía ahora homenajes de quienes décadas antes le habían expulsado de su sede.

Y es que también la Iglesia católica había sufrido un importante proceso de cambio durante la década de 1960. Entre otras cuestiones, el Concilio Vaticano II (1962-1965) proclamaba la libertad religiosa y de conciencia, hecho que incomodó desmesuradamente al régimen de Franco, puesto que salía de su *zona de confort* tras dos décadas de buena relación con la jerarquía española, especialmente tras la firma del Concordato de 1953. La frase del papa Pablo VI resumía bien el espíritu del Vaticano II: "Para la Iglesia ninguno es extraño, ninguno excluido y ninguno lejano". Precisamente la idea opuesta a lo que continuaba practicando, aún a estas alturas, el régimen de Franco, que se negaba a integrar en la sociedad a quien no comulgara con sus ideas en clave *política*[135].

Aún en este complejo contexto, el dictador presidió la inauguración de la catedral de María Inmaculada. Tras Franco, llegó a la plaza de la Provincia el cardenal Angelo Dell'Acqua, junto con el obispo Francisco Peralta, que fueron recibidos en la Diputación por las autoridades y allí saludaron al *Caudillo* y a su

---

[134] Es más, el propio Ayuntamiento vitoriano decidió dar el nombre del finado obispo a una de sus calles el 23 de octubre de 1973. Knörr y Martínez de Madina, *Toponimia*, p. 422.

[135] Juan María Laboa: *Pablo VI, España y el Concilio Vaticano II*, Madrid, PPC, 2017. Pedro Carlos González Cuevas: "El Concilio Vaticano II en España. Respuestas y consecuencias", *Razón Española. Revista bimestral de pensamiento*, nº 224, 2021, pp. 3-50. Montero, *La Iglesia*. Sobre la aplicación del Concilio Vaticano II en la Diócesis de Vitoria, Cfr. De Pablo, Goñi y López de Maturana, *La Diócesis*, pp. 493-512.

esposa, que esperaban en el despacho presidencial. A continuación, tuvo lugar un encuentro privado al que asistieron el dictador, el ministro de Asuntos Exteriores (Fernando María Castiella) y el cardenal, que fue distinguido con la Gran Cruz de la Orden de Carlos III, máxima condecoración civil otorgada por el Estado. Tras la entrevista, Dell'Acqua y Peralta se dirigieron a la catedral, donde esperaron la llegada de Franco y su esposa, junto con su séquito y las autoridades.

Las dos principales autoridades eclesiásticas entraron en el templo bajo palio, al igual que el dictador y su esposa. El cardenal consagró la catedral —en la que se encontraban presentes otros dos exgobernadores de Álava, Pedro María Gómez Ruiz y Luis Martín-Ballestero— y a continuación ofició la misa, junto con algunos prelados, como el administrador apostólico de Bilbao, José María Cirarda, y el obispo de San Sebastián, Jacinto Argaya. En su homilía, Dell'Acqua subrayó la importancia de la consagración del templo, "un día de regocijo para toda la diócesis de Vitoria y para su venerado Pastor que ven realizado el proyecto de hace muchos años: tener una catedral digna de la ilustre diócesis"[136].

Al terminar la ceremonia, las autoridades se dirigieron al Museo Provincial de Álava, donde se celebró una comida oficial, tras la que el *Caudillo* regresó a Madrid.

---

[136] *NE*, 24-IX-1969. *BMV*, segundo semestre de 1969, pp. 5-21. *Consagración de la Santa Iglesia Catedral de Vitoria: 24 de septiembre 1969*, s. l., Catedral de Vitoria, 1969. De Pablo, Goñi y López de Maturana, *La Diócesis*, pp. 211-216 y 540. AGA, Presidencia, 52/00495.

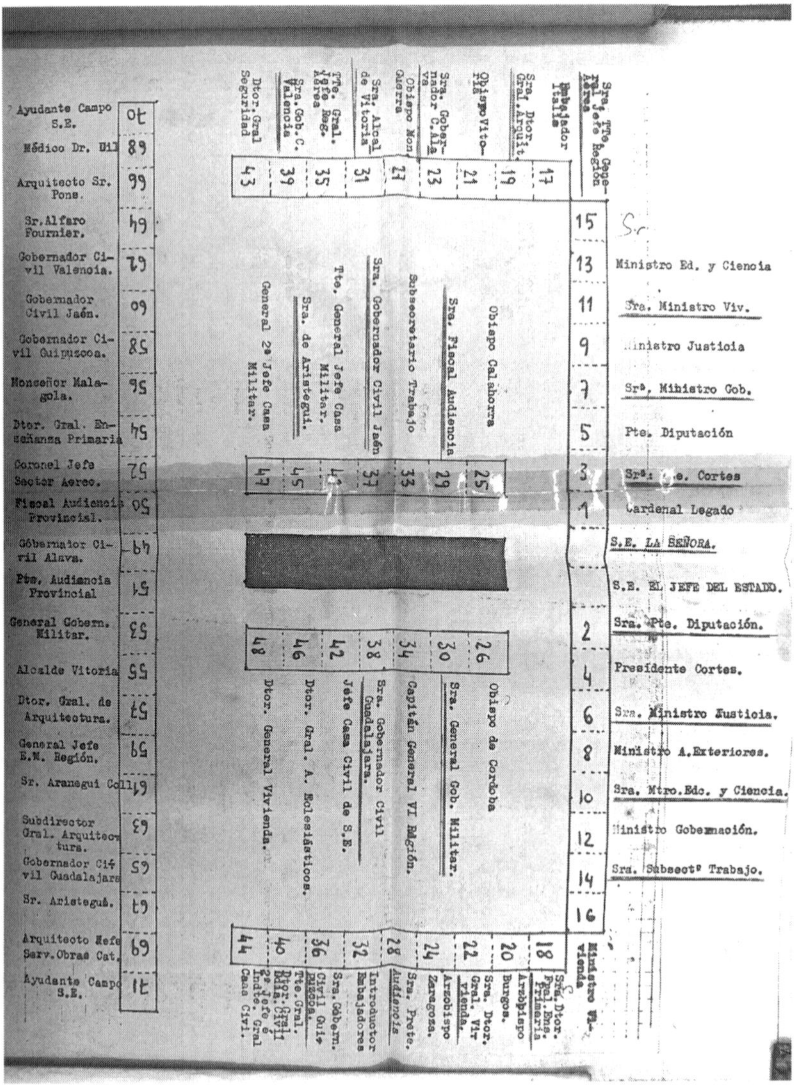

Imagen 9. Disposición de las mesas para el almuerzo ofrecido a Franco y Carmen Polo en su visita a Vitoria el 24-IX-1969. Fuente: Archivo General de Palacio. CASA CIVIL DE FRANCO_LEGAJO 3330.

Esta sería su última visita a la capital, antes de su fallecimiento el 20 de noviembre de 1975. En ella se evidenció la decrepitud del dictador y la decadencia de un régimen cuya obsolescencia se manifestó unos meses más tarde de su muerte, precisamente en el templo que vino a inaugurar en esta visita. Y es que la catedral nueva fue testigo del funeral de los obreros que el 3 de marzo de 1976 fueron muertos por disparos de armas de fuego de la policía en las inmediaciones de la iglesia de San Francisco de Asís de Zaramaga, que acogió una asamblea de trabajadores[137]. Fue un hito en la historia de Vitoria, pero también en la historia de un régimen ya caduco, tras la muerte de Franco, ya que influyó en la sustitución en julio de 1976 de Carlos Arias Navarro –al frente del Gobierno– por Adolfo Suárez, que lideró a partir de entonces la Transición hacia la democracia.

---

[137] Carlos Carnicero: *La ciudad donde nunca pasa nada. Vitoria, 3 de marzo de 1976*, Vitoria-Gasteiz, Gobierno Vasco, 2009. Jesús Casquete: "3 de marzo de 1976", en Santiago de Pablo (coord.): *100 símbolos vascos. Identidad, cultura, nacionalismo*, Madrid, Tecnos, 2016, pp. 144-145. De Pablo y López de Maturana, *Álava*, pp. 249-251.

Conclusiones

Las visitas del dictador a diferentes localidades españolas fueron un medio propagandístico más de los muchos utilizados por el régimen para consolidarse y transmitir su mensaje a la población. Vitoria no vivió ajena a estas visitas, si bien estas no fueron tan habituales como las realizadas a otras localidades que el régimen pudo considerar, por cuestiones diversas, de mayor interés político o estratégico. Tras analizarlas todas con minuciosidad, podemos concluir que estas fueron siempre visitas *de paso*, de camino entre Burgos –donde, en muchas ocasiones, reunía a sus ministros– y San Sebastián, donde residía en el periodo estival. Buena prueba de ello son las fechas en las que realizó esas visitas, todas ellas entre los meses de julio y septiembre. Franco nunca llegó a pasar una noche en Vitoria.

Sí es cierto que su presencia movilizaba a la ciudad y a la provincia, cuya población se trasladaba a la capital para recibir al dictador. Parte de esa población lo hacía obligada por las circunstancias, puesto que los organismos correspondientes se encargaban de la movilización, como hemos podido comprobar en el análisis de las fuentes. Sin embargo, otra parte de la población lo haría *convencida* o *acomodándose* al contexto, sobre todo si tenemos en cuenta los precedentes históricos en la provincia de Álava, de clara mayoría derechista al comienzo de la Guerra Civil de 1936-1939, tal y como lo demuestran un buen número de estudios académicos. Es cierto que una minoría de esas derechas (por ejemplo, algunos carlistas) se sintieron traicionados por la evolución de la dictadura e incluso se pasaron a la oposición, pero la mayoría apoyaron un régimen que coincidía con sus ideas anteriores a 1936. A ello había que sumar toda una masa de acomodados a la situación –más preocupados por el día a día que por cuestiones políticas– y muchas *zonas grises*, compatibles con la existencia de una oposición que se manifestó en momentos puntuales.

Todas las fuentes utilizadas nos permiten ver cómo las visitas de Franco a Vitoria reflejan una clara evolución del régimen a lo largo de sus casi cuatro décadas de pervivencia: de los discursos con claras referencias a la Guerra Civil y a la victoria sobre los enemigos de España en plena posguerra mundial, a la arenga anticomunista en el contexto de la Guerra Fría y del reconocimiento internacional en la década de 1950; y, del discurso belicista, a evitar la guerra para hablar de *paz* en esa campaña propagandística denominada *XXV años de paz* que llevó a Franco a recorrer toda España en 1964, evocando el orden y el progreso que, según su interpretación, prevalecían en el país gracias a su liderazgo.

Pero las fuentes no solo nos permiten observar la evolución de la dictadura sino, sobre todo, la evolución de la sociedad vitoriana que, como consecuencia del proceso de industrialización impulsado desde las instituciones locales y provinciales –y no desde las instituciones centrales del régimen, a pesar de la propaganda–, hizo posible la transformación de Vitoria en una ciudad moderna. Así se hizo notar en los discursos de las autoridades locales ya en la visita de 1953 cuando –lejos de arengas trasnochadas reivindicando la victoria en la guerra–, comenzaban a hablar de la puesta en marcha de proyectos que impulsaran el progreso económico y social. Ya se estaba gestando en Vitoria esa transformación de la que el dictador fue testigo privilegiado en la visita de 1964: su entrada en el complejo deportivo de Gamarra, con toda la simbología y la parafernalia del régimen, contrastaba con el ambiente moderno de las instalaciones, pero, sobre todo, con la actitud de los usuarios disfrutando de su momento de descanso, bien reflejado en las fuentes. Y es que no cabía duda, ya a estas alturas, de que la sociedad vivía por delante de un régimen ya caduco, tal y como se pudo observar en la última visita de 1969 en la propia persona del dictador. De este modo, fue la propia sociedad española la que fue evolucionando y se hizo incompatible con una dictadura que, en buena medida, aún seguía legitimándose por la victoria en una guerra de la que ya habían pasado cuatro décadas.

Anexo:

Los cinco discursos de Franco en Vitoria[138]

---

[138] Como se verá, se emplean los corchetes y la cursiva para señalar los apartes que aparecen entre paréntesis en la fuente original. De este modo, se facilita la lectura y la distinción entre el discurso recogido de manera íntegra y las distintas notas y aclarados que aparecen en el documento original.

Asimismo, se emplea el signo [*sic*] en aquellas partes donde se encuentra un error gramático-ortográfico, que no se corrige por mantener intacta y fiel la naturaleza del texto y, por supuesto, de la fuente.

Primer discurso:
lunes 17 de septiembre de 1945

Excmo. Sr. Presidente de la Diputación de Álava, Excmos. señores diputados forales y alaveses todos:

Yo quisiera, al recoger las palabras de vuestro presidente, acertar a expresar con cuánto afecto y gratitud correspondo al que vosotros ponéis al honrarme con estos títulos, que en su simple enunciación lo expresan todo, Padre de esta provincia y Diputado General Honorario de Álava.

Al evocar aquellos días de nuestra Gloriosa Cruzada, cuando vuestra ciudad albergaba aquel Cuartel General del glorioso general Mola, y desde aquí dirigíamos las operaciones que iban liberando a las tierras hermanas, entre todos los recuerdos de aquel tiempo destacan aquella serenidad, fe y confianza ante los peligros y aquella legión de gloriosos muchachos cuyos nombres vimos esta mañana grabados en las lápidas del monumento de la Cruz de los Caídos.

Estos sacrificios gloriosos y aquellas alegrías con que las provincias españolas recibían la noticia anhelada, es lo que no pueden o no quieren comprender fuera. Nuestra victoria no ha sido de una persona, ni de un partido; nuestra victoria ha sido la victoria de la fe, de las tradiciones, de los hogares, del campo y la ciudad, de la fábrica y del trabajo, del pobre como del rico, triunfo de todos y derrota sólo de la antiEspaña... [Las últimas palabras del Caudillo son interrumpidas con una gran ovación y entusiásticos gritos de Franco, Franco, Franco que duran largo rato].

Nuestro Movimiento vino a salvar a España de su destrucción moral y material y gracias a él no nos encontramos hoy en el estado en que se debaten tantos pueblos desgraciados del mundo, que [sic] si en el terreno material registran las máximas hecatombes y destrucciones, es mucho mayor el relajamiento en el terreno de lo moral. No son ya sólo nuestras voces las que se alzan invocando la espiritualidad, son las de los hombres más representativos del mundo las que piden la vuelta de una espiritualidad que en medio de un caos y de unas tinieblas no pueden encontrarse más que bajo la luz del Evangelio. [Muy bien. Grandes aplausos].

Han pasado, como véis [sic], varios siglos desde aquellos tiempos en que un insigne alavés predicó sus doctrinas, aquel eminente teólogo que pasó a la historia con el nombre de Francisco de Vitoria, que hace nos congreguemos aquí a los cuatro siglos de su muerte y, sin embargo, cuánta fuerza toman hoy sus doctrinas. ¡Qué revivir el de sus lecciones ante las pasiones y las cosas del mundo! Y es que las únicas piedras sobre las que lo que se construye no se derrumba, son las que se sientan sobre la ley de Cristo. [Muy bien. Muchos aplausos. Gritos de Franco, Franco, Franco. Una voz: ¡Viva Cristo Rey!, grito que es contestado con entusiasmo].

En vuestra evocación a las viejas tradiciones alavesas, en vuestro apego a los viejos fueros, está toda la razón de nuestra Cruzada. Todos los pueblos españoles disfrutaron a través de la historia de análogos privilegios, que nuestros reyes y nuestros señores otorgaron incluso a moros y judíos, garantizando la libertad, el respeto a la justicia y a la dignidad humana. Es decir, que formaron todas aquellas leyes, aquel tesoro que más tardes, vestido de máscara, nos trajeron en las nuevas constituciones... [Los aplausos y los vivas interrumpen a S. E. durante unos minutos]. El haber querido cambiar nuestro derecho, el haber querido transformar nuestras instituciones, saturándolas de la nueva doctrina de la Enciclopedia, produjo aquellas reacciones españolas que tantas veces ensangrentaron nuestras tierras y que tuvieron coronación y remate en nuestra gloriosa Cruzada.

Nuestro Movimiento hizo posible la vuelta de España a su propio ser. No vino a sustituir el desorden por la arbitrariedad, sino a devolver a los españoles, con el orden, sus derechos, sus fueros y sus libertades, a restaurar ese amor a la tradición y ese gusto por lo peculiar de cada lugar o comarca que se traduce en alegría en los ojos y en emoción en el corazón... [Otra larga salva de aplausos y vítores corta de nuevo la oración del Caudillo].

Amar a la comarca es amar dos veces a España. El Estado que nuestro Movimiento ha alumbrado aspira a reforzar la personalidad de nuestras provincias, adoptarlas y a facilitarlas los medios de encararse con sus propios problemas y ayudarles a conservar esas peculiaridades de cada una dentro de la unidad armónica e indestructible de la Patria. [Muy bien. Grandes aplausos]. Mas, al compás que la civilización avanza y el mundo se recorta ante el aumento de la velocidad, la multiplicación de las comunicaciones y la necesidad de los intercambios, [sic] se hace más imprescindible la solidaridad de todos y surgen otros problemas que no bastan a resolver nuestras viejas leyes, y han de ser los hombres más capacitados y representativos de cada provincia los que han de poner al día lo utilizable del viejo Derecho.

La unidad y la solidaridad entre los pueblos y las comarcas ha pasado a ser ley de vida, y no puede ser cosa indiferente para la suerte de cada español ni de cada provincia. Por eso bendecimos los fueros y la tradición, por cuanto representan de españolismo, de nuestra esencia y de nuestro espíritu; pero que no se anquilosen y que sean las piedras básicas sobre las que construyamos, bajo el imperio de la ley de Dios, esa gran España social, humana y justa, por la que dieron su vida nuestros mejores. ¡Viva España! ¡Arriba España! ¡Viva Álava! [Las últimas palabras de S. E. son acogidas con una clamorosa ovación].

Segundo discurso:
martes 2 de septiembre de 1947

Señor Alcalde, señores: Han [*sic*] pasado 400 años y el Ayuntamiento de Vitoria conmemora el Centenario de Fray Francisco de Vitoria, creando la Medalla que lleva su nombre. La trascendencia de que a los 400 años estén vivas las doctrinas y los escritos de Francisco de Vitoria, es más elocuente de lo que yo quisiera deciros. Sin embargo, hay un hecho que es de destacar, y es que aquel insigne Dominico no era más que un soldado y un misionero o representante de la Fe católica.

Todas las diferencias, el gran abismo que aparecen entre el pensamiento de España y el de algunos de los otros pueblos reside en esto mismo: las diferencias de conciencia, de rectitud, y de ideario de un pueblo católico con los aquellos pueblos que no lo son: la distancia que hay de que la vida sea sólo medio o de que la vida constituya un fin. Para los que la vida es fin, hay que buscar los provechos materiales; para aquellos otros en que la vida es medio y que caminan hacia fines más altos, se imponen otros deberes, Sacrificios y actos de fraternidad cristiana [*grandes aplausos*]. Esta es la razón de que la obra de Francisco de Vitoria esté siempre viva. Y, por ello, antes de aceptar esta medalla, la primera creada, yo he de hacerle a este Ayuntamiento una petición:

Que sea sólo la segunda, pues buscando como fin, según el acta que acabáis de leer, el premiar o recordar aquellos actos llevados a cabo por personas españolas o extranjeras en el servicio de la paz y de la justicia internacional, hay a quien por derecho y altos méritos le corresponde la primera medalla. Y como decíais también que cualquier español puede hacer la propuesta, yo propongo al Excelentísimo Ayuntamiento de Vitoria, se ofrezca a su Santidad esta primera medalla de Francisco de Vitoria, que sólo a él corresponde. [*Grandes aplausos*].

Tercer discurso:
lunes 10 de agosto de 1953

Señores y alaveses todos: Ante [sic] todo, mi gratitud por este entusiasta recibimiento, reflejo del sentir de una provincia tan laboriosa y virtuosa como la de Álava. Si no hubiera esta provincia destacado en los albores del Movimiento empuñando las armas tras aquel glorioso batallón de Flandes, bastarían sus virtudes acendradas, su espíritu de laboriosidad y su gran amor a la Patria una para que tuviera en nuestro corazón un puesto predilecto.

La obra de este nuevo Gobierno Civil, con esas otras condensadas en ese resumen gráfico que el gobernador civil me acaba de entregar, con los nuevos regadíos, las nuevas industrias establecidas, esa laboriosidad de Álava en todas sus manifestaciones es el canto más hermoso a la paz y a la fecundidad de nuestro Movimiento.

Conforme pasa el tiempo, nuestra Cruzada con el sacrificio de nuestros mejores en la guerra de Liberación, toma dimensiones más grandes al comparar la situación en que el mundo está sumido y la paz y el bienestar que, gracias al esfuerzo y la sangre de aquellos, nosotros disfrutamos.

No podía ser nuestro Movimiento un movimiento vacío, como tantos que esterilizaron en nuestra Historia, no podíamos esgrimir nuestras armas y mutilar incluso nuestro cuerpo para volver al mismo punto de partida que nos conduciría a la misma situación catastrófica del año 1936. Hay, a la vista de esa Hungría cautiva, de la Polonia sacrificada, de tantos pueblos de Europa que sufren el dominio rojo, podemos comprender mejor la dimensión de lo que hubiera sido España si las hordas marxistas hubieren triunfado en nuestro territorio.

La destrucción de una fe, la extirpación de los intelectuales, la violación de la conciencia, la persecución religiosa, la marcha en masa de los mejores ciudadanos al destierro o a Siberia, las persecuciones más monstruosas que pueda concebir el espíritu humano, todo eso que otros sufren, estaría asentado hoy en nuestro territorio. Por eso, alcanzar la paz, alcanzar los fecundos frutos de nuestro trabajo hemos de cantar también al esfuerzo de nuestros mejores, de nuestros combatientes, de nuestras juventudes, de nuestras madres, de todo aquello que entregó a España lo que más amaba, por esta hora de paz y plenitud.

Pero está claro que [sic]si nosotros hablamos de variar la dirección de la marcha en que vegetaba un pueblo, y evitar que se repitiesen sucesos como los pasados, teníamos que construir desde los cimientos, crear una política noble, no la política de los Partidos, sino la que persigue sin mixtificaciones el bienestar del pueblo, y por eso, hubimos de construir sobre realidades, partiendo de las organizaciones naturales. Lo primero para nosotros era salvar el hombre, alumbrarlo con la sanidad, cuidarle en su crecimiento, perfeccionarle con la educación. Y así se multiplicaron las Maternidades, los establecimientos de puericultura, las nuevas escuelas, los Institutos Labores, los Colegios Mayores, las Universidades, todo lo que cuida del hombre y de su formación. Pero a este hombre, que vive en sociedad, hay que llenarle el hueco político que tiene en su pensamiento, que no puede satisfacer el viejo sistema de Partidos políticos. Si toda la política ha de buscar el bienestar del pueblo, el bien mayor de los administrados, hay que buscarlo en las organizaciones naturales en que el hombre discurre [sic]: en el Ayuntamiento, en la Administración provincial, en el Sindicato, en el taller, en todas sus actividades, porque en ellas está toda la vida del hombre, en su verdad y no su ficción.

No han de servir los hombres a los partidos, sino los partidos a los hombres, a sus intereses generales, comprendidos en la Patria y al particular en su bienestar. Y esta es la nueva política que venimos realizando. De cómo sirven a estos intereses los tenéis en los planes de ordenación económico-social de nuestras provincias. ¿En qué han consistido estos? En ir a buscar a ellas, por medio de los Ayuntamientos, de las Diputaciones, de las organizaciones naturales, Hermandades de Labradores, Sindicatos y Corporaciones, de los valores individuales, las ansias todas de los pueblos de España, las aspiraciones de las regiones para traducirlas en los planes de gobierno con la multiplicación de sus bienes y fuentes de producción y de riqueza, despertando a los pueblos a una ilusión y enrolando a todos en la gran tarea de la mejora y la salvación de la Patria.

Esta es nuestra política en el interior. Pero esta política presidida por un signo, el signo que caracteriza a nuestro tiempo, el que palpita en el corazón de los pueblos y que, por no ser atendidos, amenaza a toda la sociedad con las estériles y ruinosas luchas de sus clases sociales. Este factor importantísimo de lo social, de la justicia en la distribución del beneficio, del progreso económico y la seguridad social, campea en toda la política de nuestro Movimiento; mas para ello hemos de ir a la multiplicación de los bienes y de las fuentes de producción para que la realización de este progreso económico sea una realidad. Y donde no llega la iniciativa particular llevamos todo el esfuerzo del Estado. Hemos creado los instrumentos para realizarlo y, con paso seguro, dentro de las dificultades de nuestra hora, lo vamos realizando, como estáis viendo por lo hecho en esta provincia y en todas las demás de España.

Mas no basta mirar al interior: las naciones tienen una vida de relación, no viven aisladas, problemas generales las acucian; ya no podemos vivir en nuestros castillos roqueros tras nuestras fronteras mirando solamente al interior. Todos los males de España en siglo y medio no nos vinieron de nuestro sentir natural: nos han venido del exterior, de las organizaciones internacionales, que llegaron a minar nuestra virtud, nuestra fe, nuestra conciencia y nuestra hermandad. Y por eso, tuvimos que enfrentarnos con todo lo malo que de fuera nos vino: con los problemas del comunismo, del sindicalismo anárquico, de la masonería, con todas aquellas organizaciones que, manejadas desde el exterior, conspiraban contra la seguridad de la patria, arruinándola y fomentando nuestra decadencia. No tratamos de cohibir la verdadera y lícita libertad, sino precisamente de salvar esas libertades. Nosotros servimos a la libertad, pero dentro de un orden, libertad de la jerarquía, libertad que no ataque los principios básicos de una nación ni amenace a la fe, ni ataque a su unidad. [Muy bien, muy bien. Grandes aplausos].

Y como entidad social, como la nación que tiene que vivir una vida de relación, nos hemos planteado el problema de nuestra política exterior. España fue un país creador y director de pueblos. España tuvo un papel en la sociedad europea y mundial, y lo había perdido y nosotros tratamos de recuperarlo, de volverla al puesto que no debió dejar, de reintegrarla al concierto de lo internacional, pero no como socio transeúnte, ni de segunda fila, sino como socio de número, con todos los derechos como corresponde a su historia, a su soberanía, a su independencia y a su dignidad. Y en este camino, la unidad de los hombres de España viene prestando a la nación un gran servicio. He aquí la clave de los ataques que desde fuera se han hecho al Movimiento nacional.

Los extraños saben muy bien lo que atacan, pues conocen que en ello va la unidad y la fortaleza de España. Si a todo esto sabemos oponer el valladar de nuestra fortaleza, la unidad más estrecha entre los hombres y las tierras de España, veréis que [sic] igual que se ganaron las batallas interiores, se ganarán también todas las batallas exteriores. Nuestra buena voluntad no tiene límites. Estamos dispuestos a convivir con todos los pueblos, a relacionarnos con todas las naciones libres, a establecer con ellas tratados de amistad y de comercio: Pero dentro siempre de nuestra dignidad y del respeto a nuestras tradiciones, a nuestras costumbres, a nuestra fe y a nuestras libertades. Y (en) [sic] este camino encontramos el tesoro de los pueblos de América, que desavenidos un día de nuestra nación vuelven a ella y la miran como madre o como pedazos de nuestra propia Patria, que hoy vienen a estrechar nuestros brazos como miembros de la gran familia hispana. Así discurre la política exterior española. No tenemos odios, ni afanes imperialistas, pero conservamos la ilusión de nuestra cultura, la fe en nuestros destinos, la seguridad de realizarlos, aspirando a ser respetados y a que se nos haga justicia. ¡Arriba España!

[Una clamorosa salva de aplausos de todo el pueblo de Vitoria, que ha escuchado el discurso del Caudillo con impresionante silencio acoge las últimas palabras de Su Excelencia].

Cuarto discurso:
miércoles 29 de julio de 1964

ALAVESES:

Gracias por vuestro entusiasmo, que colma mi corazón de gratitud, y gracias por la forma en que estáis realizando lo que eran nuestros sueños, la mejora espiritual y material de nuestro pueblo, la elevación del nivel de vida de los españoles y la distribución más equitativa de la renta. [*Grandes aplausos y vivas a Franco*].

Hemos empezado por visitar la vieja Catedral, remozada y salvada de su ruina. Hemos querido colocar los bienes del espíritu por encima de los materiales; porque aquéllos son esenciales para la vida y el destino del hombre. Hemos dotado a la Nación de los servicios sanitarios más perfectos que pueda tener nación alguna, y con el Seguro de Enfermedad y a través de la lucha contra las endemias, podemos decir que las instituciones de España en este aspecto, [*sic*] se encuentran a la altura de las de los países más adelantados, y que, al mismo tiempo, los sanatorios de nuestras clases más modestas superan incluso a los de las clases más elevadas. [*Grandes aplausos*].

No puedo venir a Vitoria sin recordar aquellos días pasados en esta Capital, cuando preparábamos las operaciones del Norte; ni dejar de evocar, que Vitoria fue el baluarte en que se estrellaron los empeños de las hordas rojas, y de sus voluntarios internacionales. [*Grandes y prolongados aplausos*]. Desde Vitoria partió también nuestra reconquista del norte de España, y los voluntarios alaveses fueron los que nutrieron nuestros más distinguidos Batallones en la recuperación de nuestros territorios. [*Grandes aplausos*].

Hoy he visitado, muy complacido, todas las obras de vuestra ciudad, que ha duplicado su casco urbano y que ha permitido atender a todas las cuestiones industriales y a la creación de puestos de trabajo, pero, como así mismo las de su recreo, en ese hermoso parque municipal, por el que felicito a este Ayuntamiento, todas ellas son obras necesarias para la vida. Pero hemos de tener en cuenta que el Plan de Desarrollo nos va a presentar problemas nuevos de crecimiento, de comunicaciones, de servicios, y que todos tendréis que atenderlo con el mismo rigor y espíritu de servicio. [*Grandes aplausos y vivas a Franco*].

Más [*sic*] todos estos bienes materiales de subida del nivel de vida no deben servir para materializarnos. Es necesario que conservemos siempre los valores del espíritu, poniéndolos por encima de todos los demás, y que conservemos la unidad estrecha de los españoles para la gran empresa. [*UNA VOZ*: ([*sic*] Gracias a ti! GRANDES APLAUSOS) [*sic*]. Porque lo mismo que en Trento, la obra de los Teólogos españoles fue de capital importancia para el Catolicismo; hoy en día nuestra espiritualidad pujante por el esfuerzo de los españoles puede proyectarse al exterior para la reconquista espiritual de Europa. Porque hoy tanto nos interesa nuestro solar como el extraño. La Historia ha demostrado cuando la guerra era chica que las provincias no podían vivir aisladas, que los peligros eran comunes, que había necesidad de una solidaridad entre los españoles. Y hoy ocurre lo mismo en un área mayor. Hoy es indispensable la solidaridad de Europa, y nosotros debemos ocupar en esta lucha por elevar los valores del espíritu, el lugar que nos corresponde. [*MUCHOS APLAUSOS*][139].

Hay que extender el concepto, de que nuestro régimen no constituye un partido político, sino una comunión, un sistema político para todos los españoles, una democracia orgánica indispensable para la unidad y la vida de España. Por ello, cuando gritamos *¡ARRIBA ESPAÑA!* no damos un grito de un partido, pronunciamos en realidad un anhelo de toda la Nación. Una superación del viejo *¡Viva España!*; porque tened en cuenta que ese *Viva España* presidió nuestros días tristes y amargos de decadencia, mientras el *¡Arriba España!* el renacimiento de nuestra Nación, entraña la promesa de empujarla y levantarla, [*LOS APLAUSOS INTERRUMPEN AL CAUDILLO*], de hacerla más grande. ¡Arriba España!. [*sic*][*UNA CLAMOROSA E INDESCRIPTIBLE SALVA DE APLAUSOS Y VITORES ACOGE LAS PALABRAS FINALES DEL CAUDILLO*].

---

[139] Se opta por la cursiva dentro del párrafo, en los lugares en que se emplea, para matizar la referencia que se hace en el discurso a esta construcción lingüística, puesto que es una cita. De este modo, se diferencia lo que es una referencia y el discurso íntegro.

Quinto discurso:
miércoles 24 de septiembre de 1969

ALAVESES:

Solamente dos palabras, para agradeceros vuestro entusiasmo y vuestra adhesión[140].

No tengo palabras para expresaros mi reconocimiento por la colaboración firme que habéis venido prestándome durante estos años, y de la cual el resultado es vuestra población, aumentada casi al doble, la transformación industrial que está experimentando Álava, y, al mismo tiempo, la nueva catedral, que es un símbolo de los tiempos modernos, con que se ha realizado el empeño de tantos vitorianos de crear una catedral hermosa y digna de este nuestro pueblo.

Gracias a todos, y un abrazo para todos.

¡¡Arriba España!!

---

[140] Se expone el discurso en minúsculas para facilitar la lectura, puesto que el original se recoge en mayúsculas en el documento fuente.

Cuadernillo de fotografías

Portada del periódico local, *Pensamiento Alavés* (15-IX-1945) en la que se anuncia la inminente visita del dictador a Vitoria. Franco aparece en el centro, rodeado de las principales autoridades locales y provinciales: el gobernador civil de Álava y jefe provincial del Movimiento, Pedro María Gómez Ruiz; el presidente de la Diputación Foral de Álava, Lorenzo de Cura Lope; y el alcalde de Vitoria, Joaquín Ordoño López de Vallejo.

137

Primera visita, 1945

Acto de proclamación de Franco como diputado general honorario el 2 de marzo de 1944
(AA, Colección Miñones: ATHA-MIN-PP-001-076).

Segunda visita, 1947

Habitantes de los pueblos alaveses reciben con pancartas al dictador en su visita a Vitoria
en 1947 (AMVG. J. M. Parra. PAR-0533_4(3)).

Tercera visita, 1953

Población de diversas localidades alavesas aguarda la llegada del dictador en la calle Olaguíbel, frente a la nueva sede del Gobierno Civil. (AA, Colección Schommer Koch: ATHA-SCH-PC-05540).

El dictador accede al nuevo edificio del Gobierno Civil de Álava, flanqueado por Luis Martín-Ballestero Costea –gobernador civil y jefe provincial del Movimiento (a su izquierda)– y por Gonzalo Lacalle Leloup, alcalde de Vitoria (a su derecha).
(AA, Colección Schommer Koch: ATHA-SCH-PC-05528).

La esposa de Franco, Carmen Polo, junto con las de los ministros y autoridades que acompañaron al dictador, también asistieron al acto de inauguración del Gobierno Civil en agosto de 1953.
(AA, Colección Schommer Koch: ATHA-SCH-PC-05528).

Franco en los salones del nuevo edificio del Gobierno Civil de Álava, acompañado por todas las autoridades locales y provinciales y sus esposas.
(AA, Colección Schommer Koch: ATHA-SCH-PC-05530).

Cuarta visita, 1964

Arco de salutaciones a Franco ubicado en las carreteras de Álava para recibirle en su visita de 1964, buen ejemplo de arquitectura efímera.
(AA, ATHA-DIC-NP-03738).

Franco y el alcalde Luis Ibarra Landete presiden la comitiva que recorre las céntricas calles de Vitoria, mientras son aclamados por la población local (29-VII-1964).
(AMVG. Arqué. ARQ-2285_11(6)).

La población vitoriana espera el paso de la comitiva de Franco.
(AA, Colección Schommer Koch: ATHA-SCH-PC-09138).

El dictador hace entrega simbólica de uno de los quinientos títulos a
beneficiarios de viviendas de protección oficial.
(AA, Colección Schommer Koch: ATHA-SCH-PC-09159).

Franco visita el Parque Municipal Playa de Gamarra, zona de ocio de los nuevos barrios vitorianos.
(AA, Colección Schommer Koch: ATHA-SCH-PC-09172).

Las autoridades esperan la llegada del dictador al Palacio de la Diputación.
(AMVG. Arqué. ARQ-2285_02(5)).

Habitantes de las zonas rurales alavesas acompañan con grandes carteles la comitiva de Franco.
(AMVG. Arqué. ARQ-2285_11(3)).

Las autoridades y la población alavesas despiden al dictador, que estrena el nuevo TALGO III en su viaje de Vitoria a San Sebastián. (AMVG. Arqué. ARQ-2285_11(3)).

Quinta visita, 1969

Franco y su esposa Carmen Polo presiden la ceremonia de consagración de la catedral de María Inmaculada de Vitoria, oficiada por el vicario general de Roma, cardenal Angelo Dell'Acqua. (AMVG. Arqué. ARQ-3214_16(2)).

Fuentes

Filmotecas y Archivos fotográficos
Noticiario Cinematográfico Español, NO-DO
(https://www.rtve.es/filmoteca/no-do/)
Photo Araba
(https://photo.araba.eus/s/photoaraba/page/home)
Archivo Municipal de Vitoria-Gasteiz (AMVG). Sección de
Fotografía.

Archivos
Archivo de Álava (AA). Fondo Radio Álava. Vitoria-Gasteiz.
Archivo Diocesano (AD). Vitoria-Gasteiz.
Archivo General de la Administración (AGA). Alcalá de Henares, Madrid.
Archivo General de Palacio (AGP). Madrid.
Archivo Municipal de Vitoria-Gasteiz (AMVG).
Fundación Sancho el Sabio (FSS). Vitoria-Gasteiz.

Prensa periódica
Alderdi
Boletín Municipal de Vitoria
Boletín Oficial del Estado
El Correo
Norte Exprés
Pensamiento Alavés

Bibliografía

Aguilar Olivencia, Mariano: *El Ejército español durante el franquismo. Un juicio desde dentro*, Madrid, Akal, 1999.

Aguirre, Rafael: *El Turismo en el País Vasco: vida e historia*, Txertoa, Donostia-San Sebastián, 1995.

Alares López, Gustavo: *Políticas del pasado en la España franquista (1939-1964). Historia, nacionalismo y dictadura*, Madrid, Marcial Pons, 2017.

Alonso Olea, Eduardo: "Para repensar el Concierto Económico: de 'migaja' a derecho histórico", *Historia Contemporánea*, nº 13/14, 1996, pp. 431-464.

Álvarez Junco, José (coord.): *Las historias de España. Visiones del pasado y construcción de identidad*, Barcelona, Crítica, 2013.

Álvarez Junco, José: *Mater dolorosa. La idea de España en el siglo XIX*, Madrid, Taurus, 2001.

Arregui Barandiaran, Ana y Cristina Armentia Alaña: *Julián de Zulueta. Un retrato por Federico Madrazo*, Vitoria-Gasteiz, Diputación Foral de Álava, 2019.

Arregui, Ana y Barandiaran, Edurne Martín Ibarraran: *El palacio Augustin Zulueta. De residencia familiar a Museo de Bellas Artes de Álava*, Vitoria-Gasteiz, Diputación Foral de Álava, 2016.

Balsebre, Armand: *Historia de la radio en España*, Madrid, Cátedra, 2001.

Box, Zira: *España año cero. La construcción simbólica del franquismo*, Madrid, Alianza, 2010.

Bustamante Ramírez, Enrique: *Radio y televisión en España. Historia de una asignatura pendiente de la democracia*, Barcelona, Gedisa, 2006.

Busto Miramontes, Beatriz: *La Galicia proyectada por NO-DO. La arquitectura del estereotipo cultural a partir del uso del folclore musical (1943-1981)*, tesis doctoral inédita, Universidad Autónoma de Madrid, 2016.

Cal Martínez, María Rosa: "La campaña de propaganda para la instauración monárquica. La ley de Sucesión en la Jefatura del Estado, 1947", en Juan Antonio García Galindo, Juan Francisco Gutiérrez Lozano, María Inmaculada Sánchez Alarcón (coords.): *La comunicación social durante el franquismo*, Málaga, Ayuntamiento, 2002, pp. 277-294.

Canales Serrano, Antonio F.: *Las otras derechas. Derechas y poder local en el País Vasco y Cataluña en el siglo XX*, Madrid, Marcial Pons, 2006.

Cantabrana Iker: "Lo viejo y lo nuevo, Diputación-FET de las JONS: la convulsa dinámica política de la 'leal' Álava (segunda parte, 1938-1943)", *Sancho el Sabio*, 22 (2005), pp. 139-169.

Cantabrana, Iker: "Octavistas contra oriolistas: la lucha por el control de las instituciones, 1936-1957", en Antonio Rivera (dir.): *Dictadura y desarrollismo. El franquismo en Álava*, Vitoria-Gasteiz, Ayuntamiento, 2009, pp. 121-174.

Carnicero, Carlos: *La ciudad donde nunca pasa nada. Vitoria, 3 de marzo de 1976*, Vitoria-Gasteiz, Gobierno Vasco, 2009.

Casquete, Jesús: "3 de marzo de 1976", en Santiago de Pablo (coord.): *100 símbolos vascos. Identidad, cultura, nacionalismo*, Madrid, Tecnos, 2016, pp. 144-145.

Castro, Luis: *'Yo daré las consignas'. La prensa y la propaganda en el primer franquismo*, Madrid, Marcial Pons, 2020.

Castro de Paz, José Luis: *El destino se disculpa. El cine de José Luis Sáenz de Heredia*, Valencia, Generalitat Valenciana, 2011.

Castro Díez, Mª Asunción y Julián Díaz Sánchez (coords.): *XXV años de paz franquista. Sociedad y cultura en España hacia 1964*, Madrid, Sílex, 2017.

Cavallaro, María Elena: *Los orígenes de la integración de España en Europa. Desde el franquismo hasta los años de la Transición*, Madrid, Silonia, 2012.

Consagración de la Santa Iglesia Catedral de Vitoria: 24 de septiembre 1969, s. l., Catedral de Vitoria, 1969.

Cuesta, Josefina: *La odisea de la memoria. Historia de la memoria en España. Siglo XX*, Madrid, Alianza, 2008.

De Pablo, Santiago: *La Segunda República en Álava. Elecciones, partidos y vida política*, Bilbao, UPV/EHU, 1989.

De Pablo, Santiago: *En tierra de nadie. Los nacionalistas vascos en Álava*, Vitoria-Gasteiz, Ikusager, 2008.

De Pablo, Santiago (coord.): *Caja de Ahorros de Vitoria y Álava. Ciento cincuenta años en la historia de Álava, 1850-2000*, Vitoria-Gasteiz, Fundación Caja Vital Kutxa, 2000.

De Pablo, Santiago (coord.): *100 símbolos vascos. Identidad, cultura, nacionalismo*, Madrid, Tecnos, 2016.

De Pablo, Santiago: *Una tragedia política. La Segunda República en Vitoria vista por Tomás Alfaro Fournier*, Bilbao, Ediciones Beta III Milenio, 2024.

De Pablo, Santiago y Coro Rubio Pobes: *Eman ta zabal zazu. Historia de la UPV/EHU (1980-2005)*, Bilbao, UPV/EHU, 2006.

De Pablo, Santiago y Virginia López de Maturana: *Álava insólita. Símbolos, mitos y lugares de memoria*, Bilbao/Vitoria-Gasteiz, Ediciones Beta III Milenio/Fundación Sancho el Sabio, 2018.

De Pablo, Santiago; José Luis de la Granja; Ludger Mees y Jesús Casquete (coords.), *Diccionario ilustrado de símbolos del nacionalismo vasco*, Madrid, Tecnos, 2012.

De Pablo, Santiago; Joseba Goñi; Virginia López de Maturana: *La Diócesis de Vitoria. 150 años de historia (1862-2012)*, ESET/Diócesis de Vitoria, Vitoria-Gasteiz, 2013.

Del Arco Blanco, Miguel Ángel: *Cruces de memoria y olvido. Los monumentos a los caídos de la guerra civil española (1936-2021)*, Barcelona, Crítica, 2022.

Del Arenal, Celestino: "Los cursos de Derecho Internacional de Vitoria-Gasteiz", *Revista de Estudios Internacionales*, vol. 6, nº 2 (abril-junio 1985), pp. 453-461.

Delgado, Lorenzo; Ricardo Martín de la Guardia y Rosa Pardo (eds.): *La apertura internacional de España. Entre el franquismo y la democracia (1953-1986)*, Madrid, Silonia, 2016.

Díaz de Durana, José Ramón: *Álava en la Baja Edad Media. Crisis, recuperación y transformaciones socioeconómicas (1250-1525)*, Vitoria-Gasteiz, Diputación Foral de Álava, 1986.

Errandonea, Ignacio: "Centenario de Vitoria. XIX Congreso Mundial de 'Pax Romana'. Instituto Luso-Hispano-Americano (20 de junio-4 de julio)", *Razón y Fe*, nº 582/583, pp. 78-89.

Fandiño Pérez, Roberto Germán: *La Rioja al alcance de todos los españoles. NO-DO y la construcción de un discurso sobre la provincia*, Logroño, Instituto de Estudios Riojanos, 2009.

Faus Belau, Ángel: *La radio en España (1896-1977): una historia documental*, Madrid, Taurus, 2007.

Fernández Asperilla, Ana Isabel: *La Administración de Justicia en España durante el Franquismo (1939-1975)*. Tesis doctoral inédita. Defendida en la Universidad Autónoma de Madrid. (1999).

Fernández López, Javier: *UMD. Militares contra Franco. Historia de la Unión Militar Democrática*, Zaragoza, Ed. Mira, 2002.

Garikano, Asun: *Kaliforniakoak (1533-1848). Euskaldunen lanak Kaliforniaren esplorazio eta kolonizazio garaian*, Pamplona, Pamiela, 2013.

Geniola, Andrea (ed.): *El franquismo y el 'regionalismo bien entendido'*, dossier de la revista *Ayer*, nº 123 (2021/3), pp. 11-161.

Gómez Calvo, Javier: *Matar, purgar, sanar. La represión franquista en Álava*, Madrid, Tecnos, 2014.

Gómez García, Claudia: "La pelota vasca y el NO-DO. Un símbolo vasquista a través del noticiario cinematográfico vasquista", *Sancho el Sabio*, 38 (2015), pp. 117-136.

González Cuevas, Pedro Carlos: "El Concilio Vaticano II en España. Respuestas y consecuencias", *Razón Española. Revista bimestral de pensamiento*, nº 224, 2021, pp. 3-50.

González de Langarica, Aitor: *La ciudad revolucionada. Industrialización, inmigración, urbanización (Vitoria, 1946-1965)*, Vitoria-Gasteiz, Ayuntamiento, 2007.

González de Langarica, Alberto: *La Nueva Catedral de Vitoria*, Vitoria-Gasteiz, Diputación Foral de Álava, 2007.

González Velázquez, Antonio: "Las visitas de Franco a Cartagena", *Cartagena Histórica*, Extra 5 (2003), pp. 2-25.

Hernández Martín, Ramón: *Francisco de Vitoria: vida y pensamiento internacionalista*, Madrid, Biblioteca de Autores Cristianos, 1995.

Knörr, Henrike y Elena Martínez de Madina: *Toponimia de Vitoria I: ciudad*, Bilbao, Euskaltzaindia, 2009.

La Nueva Catedral de Vitoria y el centenario de la Diócesis (1862-1962), Vitoria, s. n., 1962.

Laboa, Juan María: *Pablo VI, España y el Concilio Vaticano II*, Madrid, PPC, 2017.

Lamadrid Jiménez, Lázaro: *El alavés fray Fermín Francisco de Lasuén O.F.M. (1736-1803). Fundador de misiones en California*, Vitoria, Diputación Foral de Álava, 1963.

López, Félix; Itziar Aguinagalde y Aintzane Erkizia: *Exposición Canciller Ayala*, Vitoria-Gasteiz, Diputación Foral de Álava, 2007.

López de Maturana, Virginia: *La reinvención de una ciudad. Poder y política simbólica en Vitoria durante el franquismo (1936-1975)*, Bilbao, UPV/EHU, 2014.

Martín de Santa Olalla, Pablo: "El Concordato de 1953 y la España católica", *Estudios Eclesiásticos*, vol. 91 (2016), nº 356, pp. 173-190.

Martín Latorre, Peli: *Los Miñones en Álava: el testimonio de una vida, el testimonio de una actuación, el testimonio de una realidad*, Vitoria-Gasteiz, Gobierno vasco, 1998.

Martínez de Marigorta, José: "Cómo se celebrará el centenario del Padre Vitoria", *La Estafeta Literaria*, 1946.

Martínez Lillo, Pedro A.: "La política exterior de España en el marco de la Guerra Fría. Del aislamiento a la integración parcial en la sociedad internacional, 1945-1953", en Javier Tusell, Juan Avilés, Rosa María Pardo (ed. lit.): *La política exterior de España en el siglo XX*, Madrid, Biblioteca Nueva, 2000, pp. 323-340.

Mas Torrecillas, Vicente Javier: *Arquitectura social y Estado entre 1939 y 1957. La Dirección General de Regiones Devastadas*. Tesis doctoral inédita. UNED, 2008.

Medina Rodríguez, Sandra: "Canarias en el NO-DO", *Revista de Historia Canaria*, 201 (2019), pp. 133-151.

Mellén, Isabel y Virginia López de Maturana: *Proyecto para la reducción de la brecha de género en el callejero vitoriano*, Vitoria-Gasteiz, Ayuntamiento de Vitoria-Gasteiz, 2022.

Mesa Beltrán, José Antonio: "Los primeros noticiarios cinematográficos del NO-DO en Jaén (1943-1944). Un análisis de la fiesta y propaganda de la dictadura de Francisco Franco", *Revista de Antropología Experimental*, Extra 18 (2018), pp. 17-31.

Montero, Feliciano: "Asistencia social, catolicismo y franquismo. La actuación de Acción Católica en la posguerra", en Carme Agustí, Josep Gelonch, Concepción Mir (coords.): *Pobreza, marginación y políticas sociales bajo el franquismo*, Lleida, Universidad, 2005, pp. 113-138.

Montero, Feliciano: "La Acción Católica Española entre el triunfalismo y la autocrítica, 1951-1957", en Feliciano Montero y Joseba Louzao (coords.): *Catolicismo y franquismo. La España de los años cincuenta. Autocrítica y convergencias*, Granada, Comares, 2016, pp. 35-52.

Montero, Feliciano: *La Iglesia. De la colaboración a la disidencia (1956-1975)*, Madrid, Encuentro, 2009.

Morales Moya, Pedro: *El pan de cada día. Apuntes para una historia del pan en Álava*, Vitoria-Gasteiz, Ikusager, 2006.

Moreno Juliá, Xavier: *Hitler y Franco. Diplomacia en tiempos de guerra*, Barcelona, Planeta, 2007.

Moreno Luzón, Javier y Xosé Manoel Núñez Seixas (eds.): *Ser españoles. Imaginarios nacionalistas en el siglo XX,* Barcelona, RBA, 2013.

Moreno Luzón, Javier y Xosé Manoel Núñez Seixas: *Los colores de la patria. Símbolos nacionales en la España contemporánea*, Madrid, Tecnos, 2017.

Moreno Luzón, Javier: "Por amor a las glorias patrias. La persistencia de los grandes mitos nacionales en las conmemoraciones españolistas (1905-2008)", en Ludger Mees (ed.): *La celebración de la nación. Símbolos, mitos y lugares de memoria*, Granada, Comares, 2012, pp. 215-244.

Núñez Seixas, Xosé Manoel: *¡Fuera el invasor! Nacionalismos y movilización bélica durante la guerra civil española (1936-1939*, Madrid, Marcial Pons, 2006.

Núñez Seixas, Xosé Manoel: *Camarada Invierno. Historia y memoria de la División Azul (1941-1945)*, Barcelona, Crítica, 2016.

Núñez Seixas, Xosé Manoel: *Imperios y danzas. Nacionalismo y pluralidad territorial en el fascismo español (1930-1975)*, Madrid, Marcial Pons, 2023, pp. 216-237.

Oltra Moltó, Enrique: *Intervenciones en Vascongadas. (Comprensivas del periodo abril 1966 a febrero 1970, como gobernador civil y jefe provincial del Movimiento de Álava y Guipúzcoa, respectivamente*, Murcia, Consejo Provincial del Movimiento de Murcia, 1972.

Peñalba Sotorrío, Mercedes: *La secretaría general del Movimiento. Construcción, coordinación y estabilización del régimen franquista*, Madrid, Ministerio de la Presidencia, Justicia y Relaciones con las Cortes, Centro de Estudios Políticos y Constitucionales, 2015.

Pérez de Arrilucea, Jaime y Ramón Ruiz-Cuevas: *Miradores. Begiratokiak. Vitoria-Gasteiz*, Vitoria-Gasteiz, Colegio Oficial de Arquitectos Vasco-Navarro, 2000.

Ramírez Navarro, Antonio: "Franco, 'el pacifista'. Relato de la primera visita del dictador a Almería", *Hespérides*, 12 (2010), pp. 12-14.

Rivera, Antonio y Santiago de Pablo: *Profetas del pasado. Las derechas en Álava*, Vitoria-Gasteiz, Ikusager, 2014.

Rivera, Antonio: *La ciudad levítica: continuidad y cambio en una ciudad del interior (Vitoria, 1876-1936)*, Vitoria-Gasteiz, Diputación Foral de Álava, 1992.

Rivera, Antonio: *La conciencia histórica de una ciudad: el "vitorianismo"*, Vitoria-Gasteiz, Diputación Foral de Álava, 1990.

Rodríguez Tranche, Rafael y Vicente Sánchez Biosca: *NO-DO. El tiempo y la memoria*, Madrid, Cátedra, 2000.

Ros Agudo, Manuel: *La gran tentación. Franco, el imperio colonial y los planes de intervención en la II Guerra Mundial*, Barcelona, Styria, 2008.

Ruiz Llano, Germán: *Álava, una provincia en pie de guerra. Voluntariado y movilización durante la Guerra Civil*, Bilbao, Ediciones Beta III Milenio, 2016.

Sáenz-Francés, Emilio: *Entre la Antorcha y la Esvástica. Franco en la encrucijada de la Segunda Guerra Mundial*, Madrid, Actas, 2009.

Sanz-Hernando, Clara: "Burgos en el NO-DO. De capital de la cruzada a ciudad industrial", *Fonseca, Journal of Communication*, 20 (2020), pp. 255-273.

Suárez Alba, Alberto (coord.): *Juntas Generales de Álava, pasado y presente*, Vitoria-Gasteiz, Juntas Generales de Álava, 2000 (4ª ed.).

Urdiain, María Camino: *La Blanca: fiestas patronales de Vitoria-Gasteiz, 1940-1975*, Vitoria-Gasteiz, Diputación Foral de Álava, 1998.

Villalobos Salas, Cristóbal: *Las visitas de Franco y Ciano en 1939. Málaga entre la Guerra Civil y la Segunda Guerra Mundial*, Málaga, Diputación, 2015.

Viñas, Ángel: *En las garras del águila. Los pactos con Estados Unidos de Francisco Franco a Felipe González, 1945-1995*, Barcelona, Crítica, 2003.

Viñas, Ángel: *Sobornos. De cómo Churchill y March compraron a los generales de Franco*, Barcelona, Crítica, 2021.

Índice onomástico

Una tragedia política. de Pablo, Santiago.

978-84-19227-55-3 ENSAYO 144 págs. 15,00 €

Apocalipsis en Bilbao. Gete, Víctor.

978-84-19227-94-2 NOVELA 164 págs. 15,00 €

La lengua que nos habla. Irizar, Lierni.

978-84-19227-90-4 ENSAYO 128 págs. 18,00 €

Donde el Sella muere. Arroiabe, R.F..

978-84-19227-89-8 NOVELA 408 págs. 23,00 €

El último recital. Luja Guinea, Juantxu.

978-84-19227-82-9 NOVELA 256 págs. 20,00 €

Leioa. Los hijos del hambre. Olabarrieta, Javier.

978-84-19227-81-2 NOVELA 164 págs. 15,00 €

Eltxo. El pueblo de los Agotes. Olabarrieta, Javier.

978-84-19227-80-5 NARRATIVA 192 págs. 15,00 €

Bilbao y la arquitectura urbana. Recorriendo la villa. Cava Mesa, Mª Jesús; Ciordia, Elena.

978-84-19227-75-1 L. ILUSTRADO 128 págs. 29,00 €

10 Historias extrañas para leer un domingo por la tarde. Roda, Encarnación.

978-84-19227-72-0 L. ILUSTRADO 160 págs. 20,00 €

Ladridos. González Campo, Pilar.

978-84-19227-71-3 L. ILUSTRADO 242 págs. 20,00 €

Nora. Ameztoy, Begoña.

978-84-19227-67-6 NOVELA 336 págs. 22,00 €

Un invierno en Zarautz. Garitaonandia, Juan Luis.

978-84-19227-65-2 NOVELA 116 págs. 14,50 €

Las iglesias de patrimonio privado de Bizkaia en la Edad Media. Gorordo Bilbao, José María.

978-84-19227-64-5 ENSAYO 1136 págs. 57,00 €

El enigma del Kadux en Bilbao. Amigo, Marisa.

978-84-19227-63-8 INFANTIL 136 págs. 10,00 €

De una luz nueva. Bilbao, Agustín.

978-84-19227-62-1 POESÍA 148 págs. 18,00 €

Esclavos de Orduña (1937-1941). Gómez Calvo, J.

978-84-19227-59-1 ENSAYO 130 págs. 18,00 €

Bilbao, 20 familias de comerciantes en el s. XVIII. Navajas Larrabeiti, José María.

978-84-19227-58-4 ENSAYO 316 págs. 30,00 €

346 AC La hija de Aristóteles. Gabiña, Juanjo.

978-84-19227-57-7 NOVELA 324 págs. 25,00 €

Britannia forever. Gómara, Miguel.

978-84-19227-48-5 NOVELA 256 págs. 19,00 €

Progreso al pasado. Castrillo, Aitor.

978-84-19227-47-8 NOVELA 268 págs. 19,00 €

Morir como Julieta. Trouillhet Arana, Haizea.

978-84-19227-46-1 NOVELA 320 págs. 20,00 €

Bilbao. Avatares de la historia. Cava, M. Jesús.

978-84-19227-45-4 ENSAYO 400 págs. 27,00 €

La pregunta incesante. Bajo la piel de las palabras. Irizar, Lierni; Liberman, Arnoldo.

978-84-19227-41-6 ENSAYO 328 págs. 27,00 €

A ciegas. Echeverría, Mikel López .

987-84-19227-37-9 NOVELA 244 págs. 19,00 €

El voto nulo. Cuartero, María Pilar.

978-84-19227-36-2 NOVELA 256 págs. 19,00 €

Una luz en el espigón. Torrealdea, Kepa.

978-84-19227-34-8 NOVELA 316 págs. 19,00 €

2025 El algoritmo del Big Brother. Gabiña, Juanjo.

978-84-19227-31-7 NOVELA 352 págs. 25,00 €

Freud y Einstein no van a la guerra. Markez, Iñaki.

978-84-19227-30-0 ENSAYO 256 págs. 25,00 €

Rescoldos de la vida. Villota Elejalde, Ignacio.

978-84-19227-29-4 NARRATIVA 212 págs. 27,00 €

Crónica de 30 años en primera línea: ETA, Euskadi y el mundo. Raso, Fidel.

978-84-19227-14-0 ENSAYO 336 págs. 27,00 €

Discursos que han hecho historia. Arana, José R.

978-84-19227-13-3 ENSAYO 316 págs. 27,00 €

1489. El mapa vasco del Nuevo Mundo. Gabiña, J.

978-84-19227-12-6 NOVELA 344 págs. 25,00 €

Dos más dos son diez. Las palabras que cuentan. Irizar, Lierni; Liberman, Arnoldo.

978-84-19227-11-9 ENSAYO 504 págs. 29,00 €

Bilbao. Un paseo en acuarela. Ciordia, Elena.

978-84-19227-09-6 ENSAYO 68 págs. 20,00 €

Cuido una planta bella que ama y busca la sombra. XIV PREMIO DE POESÍA BLAS DE OTERO-ÁNGELA FIGUERA DE LA VILLA DE BILBAO. Crespo, R.

978-84-19227-07-2 POESÍA 68 págs. 10,00 €

Salburua. Un año en la vida de los humedales. Frías Sáez, José Javier.

978-84-19227-04-1 ENSAYO 200 págs. 30,00 €